INHALT

Wolfgang Schmidbauer

Helikoptermoral

Empörung, Entrüstung und Zorn
im öffentlichen Raum

kursbuch.edition

»Sobald wir das Ziel aus den Augen verloren haben, verdoppeln wir unsere Anstrengungen.«

Mark Twain[1]

Einführung

Meine älteste Tochter war im Alter von zehn Jahren zum ersten Mal alleine in der Münchner U-Bahn unterwegs. Eine ältere Dame beobachtete das Kind, das, stolz auf den eigenen Mut, zu einer Freundin reiste, und fragte dann: »So jung und ganz allein unterwegs? Ja weißt du nicht, wie gefährlich das ist?« Zu Hause berichtete meine Tochter, ihr habe die Fahrt Spaß gemacht und sie habe sich gut zurechtgefunden, aber diese Bemerkung habe sie verwirrt. »Was hätte ich ihr denn sagen sollen?«

Neben anderem verrät die Frage der besorgten Frau, wie leicht sich eine narzisstische Gratifikation gewinnen lässt, indem man quasi die Federchen der eigenen Bewertungen spreizt. Im Zugabteil einen erigierten Penis zu zeigen ist strafbar; der pädagogisch auftretende Exhibitionismus aber kommt nicht nur ungestraft davon, er führt auch zu einem guten Gewissen, selbst wenn die peinlichen Folgen für das Opfer nicht zu leugnen sind.

Gleichzeitig wird aus der Szene deutlich, wie die moralische Belehrung der Angstabwehr dient. Psychoanalytiker vermuten, dass auch die exhibitionistische Perversion der Abwehr von Ängsten dient, das eigene Genitale könnte nicht attraktiv genug sein und sich in der Weiblichkeit auflösen wie eine Träne im Ozean. Ähnlich überwindet die Frau, die das unternehmungslustige Kind ängstigt, ihre eigene Angst, indem sie dem Mädchen zu nahe tritt und es mit den geweckten Ängsten alleine lässt.

Weil ihr angesichts der Situation nichts Sinnvolles einfällt, sie die Angelegenheit aber auch nicht einfach unkommentiert ertragen kann, greift sie zur moralischen Ermahnung: Kind, was du tust, ist falsch, vermutlich hast du auch die falschen Eltern, hast dich ihnen gar entzogen. Da ich sonst nichts für dich tun kann, will ich dich wenigstens nicht unversorgt lassen mit meinen Bedenken.

Die innere Spannung, in die sie beim Anblick des »zu früh« selbständigen Kindes geraten ist, lässt sich nur erschließen. Es ist klar, dass sich die Intensität sozialer Regulierungen erheblich verändert hat, wenn wir etwa meine Kindheit (geboren 1941), die Kindheit meiner Ältesten (geboren 1967), die Kindheit meiner Jüngsten (geboren 1982) und die Kindheit meines ersten Enkels (geboren 2011) vergleichen. 1967 stellten wir die Tasche mit dem sechs Wochen alten Baby auf den Rücksitz unseres VW-Käfers und fuhren in die Toskana, um das Sommerhalbjahr dort zu verbringen. Später schlief unsere Tochter während der Fahrt auf der Rückbank. Heute würden Eltern, die mit ihren Kindern auf diese Art im Auto unterwegs sind, von der Polizei angehalten.

Eine Familie verreist über die Feiertage und vergisst den achtjährigen Sohn zu Hause. Das arme Kind? Im Gegenteil. Kevin, so die Hauptfigur des Films, genießt die Freiheit, alles tun zu können, was er sonst nicht darf, und verteidigt am Ende mit raffinierten Fallen das Eigentum der Eltern gegen zwei Einbrecher. Kinder lieben diesen Kevin; Erwachsene auch – solange ihre eigenen Kinder ihm nicht nacheifern!

Wohin ist das Vertrauen verschwunden, dass es mit den Kindern schon irgendwie gut gehen wird? Die Erwachsenen verklären ihre kindlichen Abenteuer – und nehmen sie den Kindern weg. Mareen Linnartz[2] hat sich zu diesem Thema in den Elternforen im Internet kundig gemacht: »›Anonym‹ schreibt: ›Ich habe gelesen, dass man Kinder ab elf Jahren auch mal zu Hause alleine lassen könnte. Ob das stimmt? Ich denke mal, dass man dann mit dem Jugendamt Ärger bekommen könnte.‹ ›Monilisa‹ antwortet mit Verve: ›Ich lass meine Kinder nie allein!!!! Es kann, glaube ich, keiner verantworten, wenn zu Hause etwas passiert …!!! Habt ihr daran mal gedacht?‹ Das empört dann ›Mida‹: ›Wann will man denn damit anfangen – vier Wochen vor dem Auszug, damit er die erste Nacht in der eigenen Wohnung nicht so ängstlich ist? … Übrigens: Den größten Mist hat mein Sohn angestellt, als wir alle zu Hause waren.‹«

Der Familientherapeut Haim G. Ginott beschrieb 1969 in einer Untersuchung zur Adoleszenz das Bedürfnis jüdischer Mütter, alles über ihre heranwachsenden Kinder zu wissen. Er zitiert einen Teenager: »Meine Mutter schwebt über mir wie ein Helikopter.«[3] Ausführlich und sehr kritisch hat die Familientherapeutin Wendy Mogel in ihrem in den USA intensiv rezipierten Buch *The Blessings of a Skinned Knee*[4] aus dem Jahr 2001 die Helikoptereltern aufs Korn genommen.

Die Hypertrophie von ängstlicher Aufmerksamkeit und hastigen Bewertungen ohne Empathie und ohne Blick auf Zusammenhänge betrifft nicht nur Eltern, sondern uns alle. Ihre Folge beschreibe ich als Helikoptermoral. Urteile werden nicht mehr so dosiert, dass Autonomie beschützt und kleine, unschädliche Abweichungen toleriert werden.

Entwicklungen werden verkannt, weil die Urteile so zwischen Überschätzung und Entwertung polarisiert sind, dass das Augenmaß verloren geht. Fantasien von Erlösung und Befreiung gewinnen eine Macht, die am Ende in Katastrophen führen muss.

Demokratie erfordert vor allem Respekt vor Minderheiten und die Bereitschaft, Macht zu teilen und die damit verbundenen Kränkungen zu ertragen.

Wir dürfen uns nicht daran gewöhnen, dass die Grundregeln des Völkerrechts und der professionellen Diplomatie jederzeit auf ähnliche Weise außer Kraft gesetzt werden können wie die Regeln der Strafprozessordnung. Beide gemeinsam verhindern Menschenopfer und Lynchjustiz. Der Angeklagte – auch der Terrorist, der Prominente, der Pädophile oder Vergewaltiger – muss als unschuldig gelten, solange seine Schuld nicht von einem ordentlichen Gericht nachgewiesen ist. Eine Einmischung in die inneren Angelegenheiten fremder Staaten darf das Völkerrecht nicht verletzen.

Es geht nicht darum, die Moral zu tadeln. Es geht um ihren Missbrauch, um den Übereifer, die Grenzüberschreitung im Dienst narzisstischer Bedürfnisse der Eiferer. Moral kann missbraucht werden, ebenso wie eine Waffe oder Körperkraft. Sie kann der Sensationslust dienen oder dem pharisäischen Schauder angesichts der Minderwertigkeit Dritter. Dann führt sie zu destruktiven Folgen im Privaten wie in der Politik. Konflikte eskalieren, weil einer Seite ein Abgrund an moralischem Versagen zugeschrieben wird, der durch Verhandlungen nicht überbrückt werden kann.

Es ist eine Eigentümlichkeit der psychoanalytischen Sozialpsychologie, individuelle und politische Aspekte zu verknüpfen. Angesichts der Helikoptermoral geht es um die Frage nach den Ursachen und Folgen für das Individuum und für die Gesellschaft. Ein wichtiges Bindeglied ist die Orientierung der Konsumgesellschaften an Einzelereignissen, an Events, die sich besser fassen und bewerten lassen – mit dem Nachteil eines

Verlustes von vorausschauendem und umfassendem Planen. Nicht nur in der Ethik, auch in Wirtschaft und Politik werden Verhältnismäßigkeit und Spätfolgen wenig beachtet. In dem Bestreben, tatkräftig, zupackend, vorausschauend zu *scheinen*, gehen diese Werte verloren.

Diese Entwicklung führt die modernen Gesellschaften mehr und mehr in eine dekontextualisierte Ethik. Dekontextualisiert heißt: Werte werden aus dem Zusammenhang gerissen. Sie werden zum Superlativ übersteigert, sobald sich Zweifel melden. Sie spalten den Blick auf die Welt. Sie verlieren den Bezug zur Realität und ersetzen ihn durch Hinweise auf festen Glauben und unbedingte Willenskraft. Statt das Zusammenleben der Menschen angemessen zu regulieren, wird diese Moral zu einem Mittel, einen Sturm der Entrüstung zu entfesseln, die eigene Geltung auf Kosten eines Denunzierten zu steigern und in der Folge Menschen zu zerstören.

Charakteristisch für die Helikoptermoral ist das schnelle, dramatische Urteil, das die klassische Gewaltenteilung völlig ignoriert: Anklage ist Schuldspruch. Der Beschuldigte verliert Stellung und Ansehen, ehe die Vorwürfe geklärt sind. Die Helikoptermoral steht für eine Art moralischer Punktlandung, die mächtig Wind macht, alles durcheinanderwirbelt und mit viel Getöse oft so schnell wieder abhebt, wie sie landete. Sie ist mit dem Terrorismus insofern verwandt, als auch sie viel Theatralisches hat und sich der Orientierung an einem stabilen Austausch, an Versöhnung und Toleranz entzieht.

Während in einem »ordentlichen« Prozess die Vermutung gilt, der Angeklagte sei so lange unschuldig, bis seine Schuld zweifelsfrei bewiesen ist, wird unter der Macht der Helikoptermoral dieses Rechtsgut geradezu umgedreht. Es geht nicht um einen Menschen, dessen Persönlichkeit so lange geschützt ist, bis die Schuldfrage geklärt werden kann, sondern es geht um die Interessen der Insassen in den Moralhelikoptern, die den Angeklagten missbrauchen, um ihre geltungsbedürftigen Urteile durchzusetzen. Gegenüber dem von den Helikopterflügeln aufgewirbelten Shitstorm ist der Gerichtssaal selbst für Menschen, deren Tätigkeit von der Öffentlichkeit geprägt ist, der reinste Fronturlaub.

So unfertig kann eine Ermittlung gar nicht sein, sie wird jemandem zugespielt und steht Stunden später im Internet. Sobald die Öffentlichkeit mit Vorverurteilungen getränkt ist, wird kaum ein Gericht noch wagen, ein Verfahren wegen Geringfügigkeit einzustellen, weil die Beweislage für eine Anklage nicht ausreicht. Man will sich doch nicht dem Verdacht aussetzen, mit ungleichem Maß zu messen, und schon gar nicht den Sturm der Entrüstung auf sich selbst ziehen.

Die Schere zwischen einer gerechten Strafe für Verfehlungen und einem zerstörten Leben öffnet sich immer weiter. Das Moralgeschrei übertönt jede nüchterne Frage, was denn nun wirklich geschehen ist. In Zeiten der Helikoptermoral explodiert angesichts eines ersten Verdachts das bisher gesammelte Ansehen. Die Scherben treffen die Umstehenden, drohen ein paar weitere Karrieren zu ruinieren. Für die Schäden steht niemand gerade.

Nun ist Medienschelte selbst ein Teil der Helikoptermoral und bietet einen kommoden Platz für Rechthaberei. Interessanter sind die Bedürfnisse und vor allem die Ängste, die sich hier bemerkbar machen. Es geht in der Helikoptermoral um den Umgang mit eigenen Schwächen und um einen inneren Kampf, den der Theatermacher Thomas Ostermeier jüngst so zusammengefasst hat: »Entscheidet man sich für den selbstironischen Blick auf die eigenen Schwächen – oder entscheidet man sich für die manisch-depressive Form und schießt gegen andere, weil man die eigenen Schwächen nicht aushält?«[5]

Die Helikoptermoral ist eine Moral, die gefährlich wird, weil sie reale Unsicherheit verleugnet und die Schwächen der Urteilenden nicht nur geräuschvoll abwehrt, sondern diesen im Beifall der Massen erlaubt, gleichzeitig Richter und Henker zu werden.

1 / Lokal lachen, global hassen

Die Satirezeitschrift *Charlie Hebdo* gehörte zu den wenigen in der Welt, die im Februar 2006 die Mohammed-Karikaturen aus der größten dänischen Tageszeitung *Jyllands-Posten* nachgedruckt hatten. Seit diesem Datum wissen auch die, die es bisher nicht wissen wollten, dass die Begriffe des 19. und 20. Jahrhunderts ungeeignet sind, Phänomene einer globalisierten Welt zu verstehen.

Ein Konzept wie Pressefreiheit ergibt Sinn, solange es kein Internet gibt und nur Menschen eine dänische Zeitschrift lesen, die in einem langen Entwicklungsprozess begriffen haben, dass in einer zivilisierten Gesellschaft die eigene Freiheit immer auch die des Andersdenkenden ist. Karikaturen sind in diesem Denkmodus Bilder, die man anschauen oder aber ignorieren kann. Sie sind geschmacklos, aber kein Sakrileg; wer sich über sie ärgert, kauft eine Zeitung nicht mehr oder schimpft in einem Leserbrief.

Heute reisen Bilder in kürzester Zeit um den Globus, werden gepostet, gebloggt, getwittert. So landen sie auch in Kulturen, in denen Emotionen mächtig sind und die Rechtssicherheit des Einzelnen minimal ist, in Gruppen, die sich nach dem Reichtum Europas sehnen, aber auch den Affekt nähren, von den entwickelten Gesellschaften ausgenützt worden zu sein. Das macht

Spott unerträglich. Und wie es im Westen Karikaturisten gibt, die (fast) alles dafür tun, um aufzufallen, gibt es dort wütende Prediger, die ebenfalls (fast) alles tun, um Aufmerksamkeit zu bekommen.

Die einen im Namen der Freiheit, die anderen im Namen Allahs, letztlich aber beide im Namen des Events, der narzisstischen Gratifikation. Die einen werben um Aufmerksamkeit unter den Anhängern der (Konsum-)Freiheit, die anderen unter den Gläubigen der Umma, der Gemeinschaft der Muslime. Beide Zuschreibungen, Sprecher einer Gruppe zu sein und deren Werte und Interessen zuzuspitzen und zu veröffentlichen, sind willkürlich.

Die *Jyllands-Posten* und ihr Karikaturist Kurt Westergaard waren im Jahr 2010 das Ziel von Anschlägen gewesen. Nachdem *Charlie Hebdo* im September 2012 weitere Mohammed-Karikaturen veröffentlicht hatte, wurde der Chefredakteur Stéphane Charbonnier in einem dem al-Qaida-Zweig im Jemen zugeschriebenen Web-Magazin *Inspire* »zur Fahndung« ausgeschrieben unter den Slogans »Eine Kugel am Tag schützt vor Ungläubigen« und »Verteidigt den Propheten Mohammed, Friede sei mit ihm«.

Wer *Inspire* im Internet aufruft, blickt in eine perfide Ecke der Globalisierung. Modern aufgemacht und grafisch viel besser als alles, was ich jemals im Jemen an englischsprachigem Druckwerk gesehen habe, wird mit pseudotheologischen Argumenten der Mord an Zivilisten gerechtfertigt, weil er »wirkungsvoller« ist als die Tötung von Soldaten, mit der die soziale Umgebung ohnehin rechnet (dass es auch etwas gefährlicher ist, Soldaten umzubringen, verschweigt des Kämpfers Höflichkeit). Je mehr Schläge gegen Zivilisten, desto mehr Unsicherheit in den USA und in Europa, desto mehr Zweifel, ob es sich noch lohnt, Israel zu unterstützen.

Dann kommt die Anleitung zum Bau einer Autobombe aus sechs Haushaltsgasbehältern, einer Sauerstoffflasche, ein paar Ventilen, einem Druckmesser und Glühbirnchen, die mithilfe einer Autobatterie und etwas Epoxid-Kleber perfekte Zünder abgeben. Diese Bombe kann zwar keine Wolkenkratzer zum Einsturz bringen, aber an belebten Plätzen viele Menschen töten, den Feind schwächen, Allah zum Sieg verhelfen.

Wenn du, spricht der Autor weiter vertraulich zu seinen »Brüdern«, den einsamen Wölfen in den USA und anderswo, ein Märtyrer werden willst, bleibst du im Auto sitzen, wenn du die Zünderlämpchen kurzschließt. Und wenn du mit heiler Haut davonkommen möchtest, benutze eine Fernsteuerung, wie man sie für Spielzeugautos oder Modellflieger kaufen kann.

Nach der Lektüre bleibt ein Gefühl von Unwirklichkeit. Auf den Bildschirm des heimischen Computers in Mitteleuropa flattert ein Gemisch aus Frömmigkeit und Brutalität. Wer produziert das? Ist es wirklich al-Qaida, ist es die CIA, die Bauanleitungen für Bomben liefert, welche den Terroristen unter den Händen explodieren? Werde ich jetzt überwacht, weil ich so etwas aufrufe? Warum legen die Hacker der NSA nicht den Server lahm, der solche Nachrichten unter die Leute bringt? Darf man denn die Menschen so verhetzen? Darf ich es lesen? Ist das nicht genauso arg wie der Konsum von Kinderpornografie?

Diese Fragen verdeutlichen, wie wenig ich aus meinen moralischen Traditionen heraus solchen Situationen gewachsen bin. Was die RAF in meiner Jugend an Unsinn über die Notwendigkeit des bewaffneten Kampfes geschrieben hat, mutet gegenüber *Inspire* rational, nachvollziehbar und harmlos an.

Am 7. Januar 2015 zwangen zwei maskierte Männer eine Mitarbeiterin von *Charlie Hebdo*, die durch einen Code gesicherte Tür zu den Redaktionsräumen für sie zu öffnen. Dort trafen sich zu dieser Zeit Zeichner, Redakteure, Kolumnisten. Ein Polizist sollte für Sicherheit sorgen, kam aber nicht einmal dazu, seine Waffe zu ziehen. Die Täter eröffneten sofort das Feuer; schon vor dem Eindringen in die Redaktionsräume hatten sie Frédéric Boisseau, den Hausmeister des Gebäudes, erschossen. In den Räumen selbst wurden zehn Menschen getötet, darunter der Herausgeber und Zeichner Stéphane Charbonnier (»Charb«), die Zeichner Jean Cabut (»Cabu«) und Bernard Verlhac (»Tignous«).

Auch eine Psychoanalytikerin war unter den Opfern: Elsa Cayat schrieb die zweiwöchentliche Kolumne »Charlies Couch« (Charlie Divan), in der sie sexuelle Probleme ebenso wie politischen und religiösen Fanatismus abhandelte. Sie arbeitete normalerweise in ihrer Praxis, war aber zur Redaktionskonferenz gekommen. Die Attentäter kannten den Terminplan und wollten möglichst viele »Ziele« treffen.

Die Täter, zwei Brüder, wurden später gestellt und erschossen. Sie stammten von algerischen Migranten, hatten zerrüttete Familienverhältnisse, eine Heimkindheit, Arbeitslosigkeit und Kleinkriminalität hinter sich. Der Terror von al-Qaida weckte ihre Aufmerksamkeit für den Islam, der sie bis dahin kaum interessiert hatte. In einer Moschee und im Gefängnis festigte sich ihr Islamismus.

In den Reaktionen auf das Attentat lassen sich einige Themenblöcke bilden:

1. Moralische Empörung: sehr brutale, sehr verbrecherische, sehr feige Tat, unvereinbar mit Menschenwürde und Men-

schenrecht, der schlimmste Anschlag auf die Werte des Westens. So die Rede praktisch aller in den Medien zitierten Politiker, von Obama bis Putin. Sprachlich ist so etwas wie ein neuer Kolonialismus gegen neue Wilde entstanden. Seit dem Angriff auf die Twin Towers hat sich die Redeweise der »zivilisierten Welt« verändert. Wo früher militärische Ausbildungslager waren, sprechen wir jetzt von »Terrorcamps«, wo sich Terrorismus früher gegen die staatliche Ordnung richtete, gibt es inzwischen einen »Terrorstaat«. Geprägt vom eigenen Standpunkt werden die Selbstzuschreibungen der Bezeichneten in diesem neuen Sprachgebrauch ignoriert. Während ältere kolonialistische Begriffe wie Neger, Zigeuner, Eskimos, Kanaken als politisch unkorrekt zurückgenommen wurden, erleben wir hier die Einführung von neuen Bezeichnungen.

2. Gefühl der Bedrohung: Anschlag auf die Pressefreiheit und die Freiheit von Satire, Anlass zur Stärkung des Rechtsextremismus, zu Religionskriegen im zivilisierten Europa. Tatsächlich hat die extreme Rechte in Frankreich die Wiedereinführung der Todesstrafe gefordert. Die Aktienkurse fallen.

3. Solidarität: Plakate und Unterschriftenaktionen mit dem Slogan »Je suis Charlie« verbreiten sich überall. Wir lassen uns nicht einschüchtern. Mohammed-Karikaturen sind noch nie so oft nachgedruckt worden wie nach diesem Attentat. *Charlie Hebdo* steigert die Auflage von normal höchstens 60 000 auf fünf Millionen. Im Münchner Hauptbahnhof stehen Menschen, die bis vor ein paar Tagen niemals auf den Gedanken gekommen wären, ein solches Blatt zu lesen, in einer langen Schlange, um ein Exemplar zu bekommen.

Wer die Szene jetzt nicht verlässt, sondern das Schicksal von *Charlie Hebdo* weiterverfolgt, begegnet Überraschungen. Eine davon ist der immense finanzielle Erfolg, den die Attentäter den Kapitaleignern bescherten, die nun plötzlich viele Millionen verdienten. Die Auflage verließ zwar schnell wieder den Gipfel, ist aber ein halbes Jahr später immer noch zehnmal so hoch wie vor dem Massenmord in der Redaktion.

Aber es gibt auch Streit. Am 18. Juni 2015 titelte die *Zeit*: »Keiner will mehr Charlie sein«; ihr Dossier rankt sich um die junge Journalistin Solène Chalvon, die nach dem Attentat engagiert wurde, um die Proteste über die ungerechte Verteilung des »Blutgeldes«, um den Streit in der Redaktion, wie es weitergehen soll, die Kündigung einer arabischen Mitarbeiterin wegen Unzuverlässigkeit – und endlich auch um die Frage: Dient es der Sache des säkularen Staates, Menschen zu provozieren, die keine Ahnung haben, was dieser Fortschritt an Respekt für die Meinung des Andersdenkenden für sie bedeuten könnte? Die Zeitung plant jetzt einen Neustart, die Chefredakteure klagen über einen Mangel an talentierten Zeichnern, die Frage, ob die Millionen den bisherigen Aktionären gehören oder eine Stiftung gegründet wird, an der die Verwundeten, die Angehörigen der Opfer und die aktiven Journalisten beteiligt sind, ist nicht entschieden.

Als Freud vom *Unbehagen in der Kultur* sprach und zweifelte, dass der im 19. Jahrhundert gefeierte Fortschritt die Lage der Menschen bessern werde, hielten ihn viele für einen Pessimisten. Aber viele Beobachtungen geben ihm nachträglich recht. Die Abschaffung der Sklaverei und eine Gesetzgebung, die der Emanzipation bisher ausgeschlossener Gruppen (wie der Juden) diente, hatten nach dem Zivilisationsbruch des Ersten

Weltkriegs intolerante, reaktionäre Gruppen geweckt, die in Deutschland und Italien besonders viel Schaden angerichtet haben. Sie sind nicht ausgelöscht, im Gegenteil. Und als sei das nicht genug, sind in einer lange für friedlich und träumerisch gehaltenen Weltreligion bösartige Extreme entstanden, die das faschistische Modell globalisieren.

Wenn ein Grieche oder Römer der heidnischen Zeit in Ägypten, auf der Krim oder in Großbritannien landete – an keinem Ort dachte er, er würde einen wahren Gott zu Götzendienern bringen. Er fand in den Tempeln der Eingeborenen die eigenen Götter unter anderen Namen. Seit der Reisende Christ ist oder Muslim, behauptet er, nur der eigene Gott sei wahr, der Gott des Eingeborenen aber ein armseliger Götze, wenn nicht der Teufel selbst.

Das hier als Helikoptermoral beschriebene Phänomen entspricht einer hektischen Wiederaufnahme der missionarischen Geste in der Eventgesellschaft. Je weniger die Allgemeingültigkeit eines Wertes gesichert ist, desto lauter wird er wiederholt und unterstrichen. Die Moral reguliert nicht mehr das Urteil über die Ereignisse, sondern die Ereignisse prägen die Äußerungen der Moral.

Für die meisten Muslime ist die Karikatur des Propheten nicht akzeptabel. Nur eine winzige Minderheit reagiert mit Gewalt. Muslime distanzieren sich nach jedem Anschlag von den Terroristen, die im Namen ihres heiligen Buches morden. Aber es nützt ihnen nicht. Sie werden mit den Terroristen zusammen gesehen.

Als die Akteure des Islamischen Staates ihre ersten Kopfabschneider-Videos ins Netz stellten, schufen Muslime im Internet den Hashtag #notinmyname, nicht in meinem Namen.

Er fand viele Tausend Anhänger – aber gleichzeitig wuchs die Zahl von #killallmuslims, tötet alle Muslime.

Wer Angst hat, wünscht sich tausendmal mehr als *Einsicht* in die Hintergründe seiner Angst eine schnelle *Lösung*. Diese Lösung lässt sich nach dem Diktat der Angst in zwei Richtungen finden. Die eine ist der Angriff auf das Bedrohliche und seine Symbole; die andere ist die Flucht an einen sicheren Ort. Nach einem uralten Erlebnismodell ist der Mitmensch, der sich mit mir über die Bedrohung einig ist, ein solcher sicherer Ort. Solange ich in den Schwarm der gleich mir über die Zukunft Besorgten hineinfliehen kann, fühle ich mich sicher vor der Bedrohung und tue das mir Mögliche, sie zu bekämpfen.

Wenn Fanatiker angefeindet werden, wird ihnen das nicht zu Reue und besserer Einsicht verhelfen. Es wird sie vielmehr darin bestärken und gleichzeitig weiter ihre Ängste schüren. Was sie tun, hat Wirkung, sie sind auf dem richtigen Weg. Aber sie finden auch Feinde, die Medien hetzen gegen sie, das Abendland ist bedroht wie zu Zeiten, als die Griechen gegen die Perser oder der tapfere Bischof Ulrich auf dem Lechfeld gegen die Hunnen kämpfte!

In einem Internetmagazin hat nach dem Anschlag auf *Charlie Hebdo* ein französischer Muslim geschrieben: »Ihr seid einen Tag Charlie, wir aber sind jeden Tag Gaza.«[6]

Ironie und Satire haben mehrere Schichten: Indem sie beleidigen, wollen sie auch aufklären; der seelische und soziale Gewinn kann in einem befreienden Lachen liegen, in einer Stimmung gegen bedrückende Moral und totalitaristischen Druck, wie er sich ja in jeder Religion entwickeln kann, die an *einen* Gott glaubt und die Dynamik des privilegierten Sprechers dieses Gottes fördert.

Wie in den Mohammed-Karikaturen deutlich geworden ist, wird dieser Prophet zum Scharnier. Gott ist ungreifbar und unangreifbar, Allah lässt sich nicht karikieren, wohl aber sein Sprecher auf Erden – und gerade deshalb erregt diese Karikatur auch so viel Zorn, Abscheu und in extremen Reaktionen auch den Impuls zur Blutrache. Dieser wiederum kann in kühlem politischem Kalkül missbraucht und eingesetzt werden. Den modernen Organisatoren des Terrors ist wohlbekannt (und sie berufen sich auch darauf), was es die Industrienationen kostet, zu verhindern, dass beispielsweise auf den ersten Blick bizarr anmutende Anschläge nicht ein zweites Mal doch gelingen.

Der als »Schuhbomber« bekannte Richard Reid war im März 2003 in den USA wegen des versuchten Anschlags auf ein Flugzeug zu insgesamt mehreren Hundert Jahren Haft verurteilt worden. Passagiere und Besatzung überwältigten Reid, als er am 22. Dezember 2001 versuchte, einen in seiner Schuhsohle versteckten Sprengsatz mit Streichhölzern zu zünden. Das Flugzeug mit 197 Insassen landete außerplanmäßig, aber sicher in Boston. Die westlichen Medien machten sich über den Amateur lustig; in der al-Qaida-Propaganda wurde ausgerechnet, um wie viel die jetzt verschärften Sicherheitsbestimmungen die »Feinde« schwächen. Wer seither fliegt, muss Reid ein paar Minuten opfern; in der Bilanz sind das viele Milliarden Dollar.

Inzwischen gibt es in den europäischen Karikaturen auch einen selbstironischen Gott, der sagt, er brauche keine Kämpfer; wenn ihm etwas nicht passe, werde er sich selbst darum kümmern. Aber leider gibt es eben auch die manischen Krieger, die auf gar keinen Fall auf Gottes Namen verzichten können, um sich über die eigenen Schwächen zu erheben.

Als sich die Psychoanalyse 2003 zum ersten Mal mit dem »explosiven Narzissmus« der Attentate beschäftigte, wurde auch die Verführungskraft der Rolle des Glaubenskämpfers für europäische Konvertiten beschrieben, die sich selbst und anderen aus Unsicherheit, Angst und Verwirrung heraus Mut zu radikaler Entschlossenheit machten.[7] Die Ereignisse seither bestätigen das auf dramatische Weise.

Nach terroristischen Morden von Islamisten richten sich drängende Bitten an die Gemeinden der großen Moscheen in Europa. Die große Mehrheit der Gläubigen stehe für einen Islam, der Dschihad als »frommes Bemühen« und »Glaubenseifer« übersetzt, nicht als wahllosen Mord. Könnt ihr nicht eure jungen Männer in den Griff bekommen?

Wie schwer das ist, schildert Hakan Tanriverdi[8] in einem Essay über einen bekannten Imam in Berlin. Taha Sabri wurde jüngst von einem Trupp junger Salafisten bewusstlos geschlagen, weil er in seiner Predigt deutliche Worte gegen den Terror fand, der dem Propheten noch weit mehr schade als jede Karikatur. Sabri nennt die Dschihadisten geradeheraus Verbrecher, was andere Vorbeter gerne vermeiden, weil sie die Rache der Fanatiker fürchten.

Das waren kleine Jungs, die meisten arbeitslos. Die haben sich plötzlich das islamische Glaubensbekenntnis auf ihre T-Shirts gedruckt. Aber sie waren so ungebildet, dass sie damit auf die Toilette gegangen sind. So spricht der ehemalige Vorstand einer Moschee in Dinslaken-Lohberg über die Dschihadisten, die aus seiner Stadt in den Krieg nach Syrien gezogen sind. Er versucht, seine Welt vor der Infektion durch die IS-Kämpfer auf eine Weise zu schützen, die mich an die bildungsbürgerliche Reaktion auf Hitler erinnert: Wie kann jemand, der so »primitiv« ist, eine ernsthafte Auseinandersetzung erwarten? Diese jungen Männer kennen ja nicht einmal die einfachsten Reinheitsgebote des Islam!

Auch die Fanatiker beten in der Moschee, aber sie wollen nichts lernen, sie glauben, es schon besser zu wissen. Die Moschee der Entwurzelten ist das Internet. Dort finden sie auf vielen, gut gemachten Seiten genau die Botschaft, die sie hören wollen. Gläubige, die sich differenziert mit dem Koran auseinandersetzen wollen, haben keine Chance gegen die Vereinfachungen dort.

Es gibt kein Rezept gegen den schlechten Gebrauch guter Lehren

Die Botschaft Christi wurde benutzt, um Kreuzzüge zu führen, Ketzer und Hexen zu verbrennen, den Mord an Gynäkologen zu rechtfertigen. Der Koran legitimiert den Massenmord an Unschuldigen, selbst an »ungläubigen« Muslimen.

Wenn sich heute Populisten und Terroristen geistig aus dem Internet ernähren, weckt das Zweifel an dem frommen Glauben, dass Menschen sich der Demokratie nähern und Verständnis für Gedankenfreiheit entwickeln, wenn sie unzensierten Zugang zu allem Wissen der Welt haben. Dieser Aberglaube tauchte während des Arabischen Frühlings in vielen Berichten auf: Wo die Jugend twittert, haben Diktaturen keine Chance. Die Ereignisse bestätigen aber: Demokratie beruht auf der *Haltung*, den Andersdenkenden zu respektieren, nicht auf dem *Wissen* (und der Rhetorik) über Volk, Verfassung und Freiheit.

Jan-Werner Müller hat darauf hingewiesen, dass Populismus der Schatten einer repräsentativen Demokratie ist, weil er demokratische Sprachformen missbraucht, um einen moralischen Alleinvertretungsanspruch durchzusetzen.[9] Populisten behaupten, *für* das Volk zu sprechen – und zwar für das *ganze* Volk, nicht für die Menschen, die ihnen zujubeln. Wer anders denkt, egal ob er ein Gegendemonstrant ist oder ein Abgeordneter, der 20 000 Wählerstimmen für sich gewann, spricht *nicht* für das Volk, *ist* nicht das Volk.

Populisten schaffen durch die grandiose Ausweitung des eigenen Ich-Ideals ein wahres und moralisch überlegenes Volk, das von korrupten Eliten nicht wahrgenommen und unterdrückt wurde. Eine verbreitete Floskel in diesem Zusammenhang ist die »schweigende Mehrheit«[10] – wenn sie nicht schwiege, sondern *ihm* ihre Stimme gäbe, hätte der Populist längst die Macht.

»Diese Diskrepanz zwischen gefühlter moralischer Mehrheit und empirischer Marginal-Existenz muss erklärt werden. Deshalb die Anfälligkeit von Populisten für Verschwörungstheorien«, sagt Müller dazu.[11] »Wir sind das Volk« kann so gerade in Deutschland zu einer gefährlichen Formel werden; was in einer Diktatur die eindrucksvolle Geste großer Demonstrationen ist, wird in einer repräsentativen Demokratie zum Popanz. Müller hält es für einen Fehler, das populistische Spezifikum des moralischen Alleinvertretungsanspruchs zu psychologisieren, es auf die Ängste vor Globalisierung und Modernisierung zurückzuführen. Er fordert, die Populisten an ihren Ausgrenzungen zu erkennen, nicht an ihren Gefühlen; wer von Sorgen, Ressentiments und Ängsten spricht, gerät in die Nähe einer Gruppentherapie und behandelt Menschen von oben herab, die er auf Augenhöhe bekämpfen sollte.

Ich teile diese Abneigung gegen eine Reduktion mithilfe der Psychologie, in der ein Gegenüber zum Opfer irrationaler

Mächte erklärt wird, welche dem Urteilenden bekannt sind, dem Opfer aber nicht plausibel gemacht werden können. Psychologische Fragen im öffentlichen Raum sollten in einer Weise gestellt werden, die den Befragten nicht zum Patienten macht. Patienten müssen sich erst einmal selbst als solche bestimmen, sonst gerät die Psychologie in die Nähe des taktlosen Übergriffs.

Wer aber nicht die triviale Überschätzung der Psychologie kritisiert, sondern den ganzen Ansatz zurückweist, beraubt sich einer wichtigen Möglichkeit, komplexe Situationen besser zu verstehen. Ohne das Wissen über Ängste, Idealisierungen, Geborgenheits- und Größenwünsche bleibt die Eilfertigkeit und Radikalisierung moderner Bewegungen unerklärlicher, als sie sein muss. Die manische Abwehr ist das Bindeglied zwischen der Helikoptermoral und den Verschwörungstheorien.

Nach psychologischen Studien neigen Personen, die politisch extreme Ansichten vertreten, auch weit mehr zu fantastischen Konstruktionen, in denen hinter dramatischen Ereignissen oder unliebsamen Problemen geheime Mächte stecken, die nur wenigen bekannt sind. Ein Team der Universität Amsterdam hat insgesamt mehr als 2000 Holländer befragt und herausgefunden, dass sowohl Rechtsradikale wie Linksradikale öfter an Verschwörungen glauben.[12]

Wer vor der Einsicht erschrickt, dass die moderne Gesellschaft komplex ist und einzelne Menschen viele ihrer Entwicklungen nicht verstehen, geschweige denn beeinflussen können, sucht nach plakativen Lösungen, die er in Schwarz und Weiß ausmalt. Wer beispielsweise glaubt, dass die Selbstmordattentate auf die Twin Towers in New York nicht von islamistischen Desperados organisiert und ausgeführt wurden, presst diesem grausamen und überraschenden Ereignis den narzisstischen Gewinn ab, es »wirklich« zu verstehen. Es beruhigt ihn darüber hinaus, nicht unberechenbare Fanatiker, sondern eine vorausschauend planende, wenngleich rücksichtslose Organisation – in der Regel die CIA – am Werk zu sehen. Mit der CIA leben wir schon lange, sie ist nicht neu, und sie wird sich zufriedengeben, wenn sie ein Fanal gesetzt und dadurch den Amerikanern einen Vorwand geliefert hat, die Ölquellen zu besetzen, die diese schon immer haben wollten.

Die Realität ist gegenüber dieser Fantasie kränkender und ängstigender zugleich. Sie liefert uns Ängsten vor den Unberechenbarkeiten der globalisierten Welt aus, die wir mit den vertrauten, national gebundenen Instrumenten nicht mehr fassen können.

Viel spricht dafür, dass sich die Psyche der Extremisten aller Lager gleicht. Sie teilen die Welt in zwei Hälften, eine gute, eine böse, sehen sich selbst als Kämpfer für das Gute und sind überzeugt, dass sie genau wissen, was das Böse ist und was getan werden müsste, um es definitiv aus der Welt zu schaffen. Um dieses simple Weltbild aufrechtzuerhalten, eignen sich Verschwörungskonzepte als Zusatzannahmen.

Sie haben den Vorteil, dass sie gar nicht widerlegt werden können, weil beispielsweise die Tatsache, dass viele Medien mit exakten Details über das Attentat auf das World Trade Center berichtet haben, in den Augen der Verschwörungsgläubigen nur die immense Macht der Geheimdienste beweist.

Unabhängig von Verschwörungsmodellen sind die modernen Medien ein Vehikel, das tatsächlich seine Konsumenten verändert, indem es ihre Fähigkeiten schwächt, Kränkungen zu verarbeiten und sich einer ängstigenden Situation zu stellen. Es gibt jeden Tag viele Stunden lang auf unerschöpflichen Bildschirmen ausdrucksvollere Beziehungen und schönere Menschen, als wir sie im Alltag selbst sind oder vorfinden. Weiter stimuliert die extreme Betonung des dramatischen Ereignisses – des Unfalls, des Verbrechens, der Katastrophe – Ängste bis zu der paradoxen Folge, dass gerade in einer Zeit, die friedlicher und stabiler als alles ist, was Menschen in ihrer Geschichte jemals erlebt haben, die Befürchtungen der Bürger von Jahr zu Jahr wachsen.

Im Populismus wird dann als Zuflucht eine Vision – ein Reich, ein Kalifat – konstruiert, die alle Gegensätze auflöst, alle Widersprüche versöhnt, alle ängstigenden Belastungen ausgrenzt und entsorgt. Das galt im Nationalsozialismus für das Bild einer Volksgemeinschaft, die alle umfasst, allen Geborgenheit spendet und gleichzeitig jeden zittern lässt, ob er »erbgesund« genug sei.[13] Zur populistischen Moral gehört die Konstruktion einer Gemeinschaft der Guten, die sich zusammen der Illusion hingeben dürfen, Schattenseiten, Schwachpunkte, Defekte und Defizite seien nicht in ihrer Mitte zu finden, sondern kämen von außen und könnten dorthin zurückgetrieben werden.

Populisten sind zu Humor und Selbstironie nicht fähig. Beides lässt zu, Schwäche auch im eigenen Inneren zu entdecken. Sie vertreten durchweg eine spaltende Position. Wenn es ihnen durch energische Verleugnung der eigenen Schwächen und Übertreibung der eigenen Größe gelingt, alles Unerwünschte im Außen zu verorten, fühlen sie sich stark und einig. Populismus lebt vom Ritual der Flucht in eine Masse hinein, die sich auf dem richtigen Weg fühlt. Solange diese Masse existiert, sind die Mitglieder geborgen, aber ihre Stärke löst sich auf, wenn die Bindung an den Event abreißt, der gegenwärtig an die Stelle eines stabilen und identifizierbaren Führers tritt.

2 / Die biografische Folie

Eine wichtige Qualität der Helikoptermoral ist der Sturz eines Idols. Nichts bekämpft besser den Eindruck, nicht die verdiente Aufmerksamkeit zu bekommen, als die Entwertung einer Person, die für etwas Besseres gehalten wird. Das Opfer muss damit rechnen, dass harmlose Taten, die es längst verjährt und überwunden glaubt, plötzlich wiederentdeckt und mit großer Wucht auf sein gegenwärtiges Leben gelegt werden wie eine der Folien, welch dem darunter durchscheinenden Bild eine ganz neue Bedeutung geben.

Wo es viel zu verdrängen und daher auch aufzudecken gibt, sind solche Stürze besonders dramatisch. Verdrängt und verleugnet wurde 1945 in Deutschland vielleicht mehr als in allen anderen Jahren und Ländern der Geschichte. Im moralischen Eifer hinsichtlich des Umgangs mit diesen Verdunklungen der Vergangenheit lässt sich ein zweiter Aspekt der Helikoptermoral ausmachen: ihre Leidenschaft für den Sieg in einer moralischen Konkurrenz.

Man möchte ja glauben, dass sich moralische Urteile nicht für geistigen Wettkampf eignen wie sonst sportliche Leistungen oder die Fähigkeit, Quizfragen zu beantworten. Aber in den Kontext der Helikoptermoral gehört das Streben, sich der Überlegenheit des eigenen Urteils zu vergewissern. Und kaum etwas eignet sich besser für eine Demonstration dieser Überlegenheit, als eine moralische Instanz erst auf den Sockel zu heben und sie dann mit Getöse herunterzustürzen. Seht, er ist auch nur ein Mensch, und er hat uns weismachen wollen, er sei etwas Besseres!

Der deutsche Schriftsteller Günter Grass war als 17-Jähriger zur Waffen-SS eingezogen worden. Die erlebbare Differenz zwischen Wehrmacht und Waffen-SS war 1945 minimal. Grass hatte nie behauptet, als junger Mann gegen die Nazis gewesen zu sein, im Gegenteil. Er betonte persönlich und beschrieb meisterhaft in der *Blechtrommel*, wie Großdeutschland nach außen im Inneren zur Verzwergung führte.

In einem Interview zu seiner Lebensgeschichte *Beim Häuten der Zwiebel* sprach der Schriftsteller von den SS-Runen an seinem Kragen und erzählte in dem Buch, in welches Chaos, in welche Angst und Verwirrung ihn die Erlebnisse damals versetzt hatten, wie er unter einem Panzer lag und sich in die Hose machte.

Was aber folgte, war ein moralischer Sturm, der vor allem um zwei Themen kreiste. Erstens: Er hat es uns zu spät gesagt! Wir hätten ein Recht gehabt, es früher zu erfahren! Weil er es so spät gesagt hat, muss es auch ein viel schlimmeres moralisches Versagen enthalten, als wir bisher dachten! Zweitens: Wer bei der SS war, wird für immer ein Nazi bleiben.

Die Folie des SS-Täters wurde praktisch auf das Konterfei des Demokraten gelegt, der von nun an jedes Recht auf die ihm zugeschriebene Rolle der »moralischen Instanz« in Deutschland verloren habe. Dass ein Romanautor zur »moralischen Instanz« erhoben wird, weil er berühmt ist und politisch Farbe bekennt, gehört in diesen Kontext.

Es war, als hätte Grass an einem frühen Punkt seiner Biografie eine rote Fahne gehisst und einen weißen Kreis gezogen, den Landeplatz für die unterschiedlichsten Helikopter mit moralischer Fracht. Wenn es dem Schriftsteller auf Dauer nicht geschadet hat – es lag auf jeden Fall nicht an einem Mangel an moralischem Getöse und strafender Energie vonseiten seiner Sittenrichter.

Die damalige Präsidentin des Zentralrats der Juden in Deutschland, Charlotte Knobloch, war überzeugt, es handle sich bei dem »späten Geständnis« um einen PR-Trick zur Beförderung des Verkaufs seines neuen Buches. Der Journalist und Hitler-Biograf Joachim Fest, in Historikerkreisen wegen seiner unkritischen Haltung gegenüber Hitlers Rüstungsminister Albert Speer sehr umstritten, »verstand« überhaupt nicht, wie sich Grass »60 Jahre lang zum schlechten Gewissen der Nation« hatte machen können, ohne zu bekennen, dass er selbst so »tief verstrickt« war. Der polnische Politiker Lech Wałęsa meinte, Grass müsse die Ehrenbürgerschaft der Stadt Danzig ablegen. Mehrere Politiker aus den Reihen der Christdemokraten forderten Grass auf, den Nobelpreis für Literatur zurückzugeben, als ob diese Auszeichnung für politisch korrektes Verhalten verliehen würde.

Etliche Moralhelikopter landeten bei der schwedischen Nobelstiftung. Die einfliegenden Journalisten fragten an, ob man Grass nicht den Preis aberkennen oder ihn zur Rückgabe zwingen solle. Der Direktor der Stiftung, Michael Sohlman, verwies auf die Statuten. Der Preis wurde noch nie zurückgenommen.

In den Moralhelikoptern werden nicht Taten bewertet, nicht Gesinnungen, sondern Symbole, vieldeutige Zugehörigkeiten, mit denen die moralisch Überfallenen in einer ganz bestimmten Weise umgehen sollen. Tun sie es nicht, wird dies umso unerbittlicher eingeklagt, je überzeugter der Urteilende von seiner Überlegenheit ist.

Die Moral in der Demenz und die Demenz in der Moral

Diese dekontextualisierte Qualität des Urteils zeigt auch ein Artikel des Journalisten Tilman Jens über seinen Vater Walter Jens und eine Reihe anderer Personen der Zeitgeschichte. [14] »Es ist in keinem medizinischen Lehrbuch verzeichnet und scheint doch die Krankheit einer ganzen Generation, jenes Altersleiden, das in letzter Zeit auch Künstler und Schriftsteller erfasst. Manchmal genügt eine einzige vergilbte Karteikarte, um die Symptome, nach Jahrzehnten der Unauffälligkeit, zum Ausbruch zu bringen. Gestandenen Männern versagt das Gedächtnis. Virtuosen des Wortes beginnen zu stammeln. Erfolgsverwöhnte Vorbilder, moralische Instanzen dieser Republik, verdiente Ruheständler im neunten Jahrzehnt erstarren in Panik – vor einem Karriereknick.« So beginnt Tilman Jens seinen Text, in dem er die Demenzerkrankung seines Vaters mit Bedeutung überfrachtet. Zum Hintergrund:

Walter Jens gab im Jahr 2003 der Deutschen Presse-Agentur ein Interview. Er war mit einer Karteikarte aus einem zugänglich gewordenen Archiv konfrontiert worden, in dem alle elf Millionen NS-Mitgliedschaften verzeichnet waren. Jens konnte sich an nichts erinnern, war sichtlich schockiert und suchte nach einer Erklärung: Es seien damals ganze Jahrgänge der Hitler-Jugend mit dem 18. Lebensjahr automatisch »überführt« worden, davon hätten nur die Anführer etwas gewusst, er nicht.

Verräterisch die Rhetorik des großen Rhetorikers: »Ich war kein Widerstandskämpfer, ich war in der Hitler-Jugend, ich war 19!« Wenn er denn einen Fehler begangen habe – und er werde nachweisen, dass das nicht der Fall sei –, habe er diesen doch weiß Gott wiedergutgemacht! Er denke nicht daran, sich einem Spruchkammerverfahren zu stellen – einer nachträglichen »Entnazifizierung«.

Die Parteimitgliedschaft war sozusagen das Gegenteil des erträumten Ideals vom Widerstandskämpfer. In seiner Rechtfertigung reihte Walter Jens Argumente in einer charakteristischen, von Freud in seiner Analyse *Der Witz und seine Beziehung zum Unbewussten* beschriebenen Weise[15] aneinander: Erstens war ich kein Mitglied, zweitens hat mich jemand anderer zum Mitglied gemacht, drittens habe ich den Fehler längst durch meinen Einsatz für eine demokratische Gesellschaft behoben.

Walter Jens war verletzt, betroffen und sah sich zur Abwehr einer Zumutung genötigt, die in dieser Form gar nicht vorlag. Es ist bekannt, dass Jens kein Widerstandskämpfer war, sondern Hitler-Junge und dank seines schweren Asthmas vom Wehrdienst befreit.

Gegen Ende der 1990er-Jahre stand fest, dass sich bekannte Kritiker der konservativen Entwicklungen in der BRD in diesen Karteikästen fanden: neben Walter Jens der Autor Siegfried Lenz, der Kabarettist Dieter Hildebrandt, der Philosoph Hermann Lübbe, der SPD-Linke Erhard Eppler.

Tilman Jens nun feiert in seinem Artikel diese Gruppe erst als »Unsere Besten«, um sie dann abzukanzeln. Er mischt ein organisches Geschehen wie die Demenzerkrankung unter die psychologischen Prozesse, mit denen wir alle unsere Erinnerungen bearbeiten. In ihrem Umgang mit der Zeit unter dem

Hakenkreuz werden die »Besten« gemessen an den heutigen Vorstellungen des Verfassers.

Wenn es um das mörderische Regime der Nationalsozialisten in Europa geht, scheinen auch sonst kluge und besonnene Deutsche plötzlich von allen guten Geistern verlassen. Wie kommt es, dass in diesem Bereich Vergleiche jede Proportion verlieren? Dass sich ein Schriftsteller wie Martin Walser mit der »Auschwitz-Keule« geknüppelt fühlt angesichts der Kritik, er habe in einem autobiografischen Text die Judenverfolgung ignoriert?

In einer Kindheit am Bodensee, während der NS-Zeit subjektiv erlebt und als solche erzählt, fehlen Erlebnisse, die für einen verfolgten Juden wichtig sind, der diese Zeit in Todesgefahr durchlitt. Aus einem unvermeidlichen Widerspruch wird moralisches Versagen und Konkurrenz um die Opferrolle.

Im deutschen Unbewussten ist die Judenverfolgung zu einem Mythos geworden. Sie schlummert in jenen seelischen Tiefen, in denen auch Metaphern entstehen und die von Psychotherapeuten durch eigene Mythenbildungen (»Ödipuskomplex«, »falsches Selbst«, »Anima«) erschlossen werden. In diesen Tiefen wirkt eine paradoxe Identifizierung. Auch die Erben der Täter wollen Opfer sein.

Die historische Besonderheit der Judenverfolgung in Nazi-Deutschland lag in der virulenten Verbindung von Antisemitismus und Rassenlehre. In einer jeder Logik spottenden und doch als unanfechtbar auftretenden Gesetzgebung wurde der drohende Verfall des deutschen Volkes mit der »Verunreinigung« durch »rassefremdes Blut« verknüpft. Obwohl es keine genetischen Unterschiede zwischen Juden und Deutschen in Europa gibt, wurde eine fiktive arische Abstammung zum Kriterium, das über Karriere und Vermögen, später über Leben und Tod entschied.

Durch diese spezifische Grausamkeit hat die sogenannte »Endlösung der Judenfrage« alle anderen Treibjagden auf Sündenböcke übertroffen. Diese Opfer lebten als Deutsche, sie sprachen wie sie, teilten häufig säkulare Überzeugungen oder politische Konzepte, hatten im Ersten Weltkrieg für das deutsche Vaterland gekämpft, waren verwundet worden, trugen mit Stolz deutsche Orden. Sie hatten »nur« die falschen Ahnen.

Für sie gab es keinerlei Chance, durch einen Sinneswandel, wie ein Weihrauchkorn in der Opferschale, ein wenig Taufwasser über den Scheitel, die drohende Gewalt abzuwenden. Dadurch wird der verfolgte Jude im deutschen Unbewussten zum Symbol der Befreiung von eigener Schuld. Wer sich mit ihm identifiziert, hat das Recht ganz und gar auf seiner Seite, er kann jeden Gegner sprachlos machen. So tauchen seit 1945 in Psychoanalysen viele Familienmythen mit einer *verheimlichten jüdischen Abstammung* auf.

Freud hat als »Familienroman des Neurotikers«[16] den klassischen Plot trivialer Erzählkunst aufgegriffen, dass ein Kind vornehmer Abkunft, von Zigeunern geraubt, bei armen Eltern aufwächst, bis es schließlich am Monogramm im Windeltuch als geraubter Spross gräflichen Geschlechts erkannt und wunderbar erhoben wird. Der Plot des deutschen Familienromans der Nachkriegszeit ist die Zeugung durch einen im Holocaust umgekommenen jüdischen Vater. Er spielt in den Fantasien deutscher Analysepatienten nach 1970 eine wichtige Rolle. Es stört die Betroffenen meist nicht, dass sie, indem sie sich als Halbjuden imaginieren, einen Ausdruck der nationalsozialistischen Rassenlehre aufgreifen.

Im deutschen Unbewussten hat hier eine merkwürdige und historisch einzigartige Umkehrung stattgefunden. Die Täter erscheinen uns so fern und monströs, dass die unbewusste Fantasie im Streben nach einer Bewältigung des Schreckens nach den Opfern greift. So sind unter einer dünnen Schicht von Vernunft und Respekt vor historischen Tatsachen alle Deutschen Opfer des Holocaust geworden, jederzeit bereit, diese Identifizierung vorwurfsvoll gegen Verfolger zu richten. Sie können politische Gegner mit dem Auschwitz-Vergleich mattsetzen, Israel moralisch belehren und Juden identifizieren, die schuld sind am Antisemitismus.

Es gibt immer wieder Leserbriefschreiber und Journalisten, die überzeugt zu sein scheinen, durch Folter, Verfolgung und Mord an Familienangehörigen müssten Menschen »gut« werden, besser als andere, zu keiner Ungerechtigkeit und Grausamkeit mehr fähig. Ein KZ wäre demnach die hohe Schule der Humanität und des Pazifismus.

Wenn der Staat Israel ebenso militaristisch und nationalstolz ist wie der Durchschnitt anderer Staaten, ist der gute Deutsche gekränkt und stimmt eine Klage an, die antisemitischen Vorurteilen zum Verwechseln gleicht. »Diese Verbrechen an den unschuldigen Menschen lassen mich nicht mehr schlafen.« »Ich habe Angst, mich durch mein Schweigen schuldig zu machen.« »Aber die Israelis machen sich noch viel schuldiger.« »Wie kann ein Volk, das so unter dem Dritten Reich zu leiden hatte, nun seinerseits solche Gräuel begehen?« Solche Sätze stehen in Leserbriefen, wenn israelische Flugzeuge palästinensische Häuser bombardieren.

Israels Gründungsmythos ist es, nie wieder Opfer zu sein. Daher wird Israel kaum der vorgeschriebenen Rolle, opferbereit und »gut« zu sein, in der Weise entsprechen, welche sich Deutsche wünschen. So fordert ein Leserbriefschreiber Israel auf, sich am guten Einvernehmen des deutschen Volkes mit seinen Nachbarn nach 1945 ein Vorbild zu nehmen. Schockiert wird entdeckt, dass Israel auch nicht besser, nicht anders sei als die Nazis, eine Herrenrasse, welche wehrlose Araber unterdrückt.

Übergriffe beklagen kritische Journalisten in Israel ebenso wie die ungleiche Verteilung von Wasser und Land zwischen Juden und Arabern. Aber dieses Verhalten mit dem der Nazis zu vergleichen, zeugt nicht nur von Taktlosigkeit, sondern auch von einer verzerrten Wahrnehmung. So wie die Juden in Israel verhalten sich militärisch überlegene Gruppen überall, wo sie sich von einem Guerillagegner bedroht sehen.

Israel wegdenken

Am besten, wir lösen Israel wieder auf, dann ist endlich Ruhe! Mit diesem Gedanken ist der norwegische Schriftsteller Jostein Gaarder, bekannt geworden durch den Bestseller *Sophies Welt*, in seinen Helikopter gestiegen. Er würde am liebsten Israel aus der Welt wegdenken und multipliziert sich zum Kollektiv, zum »Wir«:

»Es gibt keinen Weg zurück. Es ist Zeit, eine neue Lektion zu lernen: Wir erkennen den Staat Israel nicht länger an. Wir konnten das Apartheidregime Südafrikas nicht anerkennen, genauso wenig wie das Talibanregime in Afghanistan. [...] Wir nennen Kindermörder ›Kindermörder‹ und werden niemals akzeptieren, dass diese ein gottgegebenes oder historisches Mandat besitzen sollen, das ihre Schandtaten rechtfertigt. Wir sagen nur dieses: Schande über alle Apartheid, Schande über ethnische Säuberungen, Schande über jeden Terroranschlag auf Zivilisten, ob er nun von Hamas, Hisbollah oder dem Staat Israel verübt wird!«[17]

Es hat Gaarder wenig genützt, dass er sich einen Freund Israels nannte und »die große Verantwortung Europas für all die Notlagen, für die schändlichen Bedrohungen, die Pogrome und für den Holocaust« ausdrücklich anerkannte. »Es war geschichtlich und moralisch notwendig, dass die Juden ein Zuhause bekommen.« Allerdings habe sich Israel seit 1967 unglaubwürdig gemacht, weil es nicht in die Grenzen von 1948 zurückgekehrt sei.

Gaarders Helikopter wurde sofort von anderen Helikoptern verfolgt. Die norwegische Journalistin Mona Levin nannte seinen Essay die schlimmste Äußerung seit Hitlers *Mein Kampf*. Sein israelischer Verlag hat den Vertrag mit Jostein Gaarder gekündigt; angeblich überlegt der Verleger juristische Schritte. Der Weg von der Tragödie zur Farce ist kurz. Der norwegische Autor hat sich und sein »Wir« später aus dem Wespennest zurückgezogen und feierlich versprochen, nie wieder etwas über Israel zu sagen, als ob es nicht um Meinungen über Bomben und Morde ginge, sondern um Bomben und Morde selbst.

Wenn ein Kinderbuchautor, dessen Text von moralischer Naivität und Wohlmeinung strotzt, in die Nähe des antisemitischen Mörders rückt, zeigt das die Entgleisung der Diskussionskultur, die sich immer dann beobachten lässt, wenn es um Traumatisierungen geht.

Kurz nach Gaarder meldete sich Robert Menasse in der *Süddeutschen Zeitung* zu Wort: »Bitte noch mehr Bomben!« Hier ist Israel ganz unschuldig, »kein Israeli hat je das Existenzrecht eines anderen Staates in Frage gestellt« – die Palästinenser müssen verrückt sein. »Jetzt sitze ich vor dem Fernseher, will Bomben sehen, noch mehr Bomben, bis die Hisbollah ausradiert ist und alle Vernichter vernichtet sind.«[18] Zuvor schon hatte Menasse gesagt, dass er sich als Pazifist versteht, inzwischen freilich als einer, der »Daumen drückt bei einem Krieg«.

Es widerspricht der menschlichen Natur, an einem Feindbild festzuhalten, wenn man beispielsweise seinetwegen im Dreck liegen muss und nicht schlafen kann. Es ist eine von vielen Frontsoldaten berichtete Erfahrung, dass dort, wo sie mit Blut und Strapazen bezahlt werden müssen, die Feindbilder sich eher auflösen als in der tintenklecksenden Etappe. Es gäbe keine Strafen für Deserteure, wenn der Mensch die Kampfmaschine wäre, als die ihn militaristische Filme gerne abbilden. Was in den Medien als unversöhnlicher Hass dargestellt wird, ist Propaganda und hat mit der Situation der Menschen an der Front nichts zu schaffen.

Deutschland und Frankreich kämpften blutige Schlachten um Elsass und Lothringen, deutsche Provinzen für Berlin, französisches Stammland für Paris. Der Franzose war ein Erzfeind, von den Napoleonischen Kriegen bis in den Zweiten Weltkrieg. Sich mit solchen Erzfeinden zu vertragen und die lange kriegerische Geschichte zu ignorieren, das hätte vor 100 Jahren niemand anzukündigen gewagt. Ähnliches gilt für Deutsche und Italiener in Südtirol.

Wir müssen somit die Frage, ob eine belastende Geschichte vergessen werden *kann*, entschlossen umkehren. *Das Normale ist es, sie zu vergessen.* Dagegen muss sich die Gedenkkultur so gut sträuben wie die nationalistische Propaganda.

Jede Feindschaft wird schnell und nachhaltig beiseitegelegt, wenn sie nicht ständig geschürt und übertrieben, durch Dämonisierung und Propaganda aufrechterhalten wird. Der Durchschnittsmensch vergisst weit schneller, als es Volkserziehern gefällt. Wozu bräuchten wir sonst Denkmäler, Erinnerungstage, Geschichtsfälschungen, unermüdliche Wiederholungen?

Die menschliche Psyche ist so konstruiert, dass sie alles Unangenehme auszublenden sucht, wenn es keine Bedrohung mehr darstellt. Wir schütteln die Vergangenheit ab, wenn wir dafür günstige Bedingungen finden. Wer 1945 erlebt hat, erinnert sich an diese Dynamik. In wenigen Tagen wurden aus Feinden Befreier, Verbündete, Menschen. Hätten die Feinde im Nahen Osten stabile Grenzen, persönliche Sicherheit, Souveränität und Unabhängigkeit von äußerem Druck, würden wir Palästina und Israel in wenigen Jahren nicht wiedererkennen. Die Unterstützung der Feindbilder von außen ist das größte Hindernis für den Frieden. In Palästina tobt ein Stellvertreterkrieg. Jede Seite vernachlässigt das Wohlergehen der kleinen Leute, der eigenen Bürger zugunsten des Wohlgefallens in den Augen mächtiger Verbündeter.

Wer Theodor Herzls Roman *AltNeuLand* liest, entdeckt eine verblüffende Vision. Der Begründer des Zionismus stellte sich die jüdische Heimstatt wie einen Konzern vor, der unter dem Schutz des osmanischen Sultans Juden und Araber im Heiligen Land vereine.

Das Osmanische Reich gibt es nicht mehr, die europäischen Mächte konnten dieses Vakuum nicht füllen. Schuld daran ist kein Volk, kein Politiker, so wenig, wie es möglich wäre, einen Schuldigen für die Konflikte in Südafrika zu finden, wo gegenwärtig immerhin kaum jemand mehr davon spricht, dass das

Land ohne Weiße oder ohne Schwarze besser dran wäre – obwohl es immer noch heftige Spannungen zwischen beiden Gruppen gibt.

Ein Weg zur Lösung würde erleichtert, wenn es gelänge, sowohl das jüdische wie das arabische Selbstgefühl zu stärken. Erst wenn sich beide Gegner sicherer fühlen, werden sie aufhören können, den Kontrahenten als ewigen Erzfeind zu dämonisieren. Weder die Araber noch die Juden sind gegenwärtig in der Lage, eine Pauschalkritik zu verarbeiten. Sie brauchen Respekt vor ihren Gefühlen, vor ihrer Geschichte, vor dem Dilemma, dass jeder im Recht ist und es doch nur ein Jerusalem, ein Jordantal, eine Küste gibt, an der die Namen der Städte an die Phönizier erinnern. Juden wie Araber sind in ihrer großen Mehrheit interessiert an einem erträglichen Miteinander. Das Problem sind jene, die Völker aufhetzen, um Macht zu gewinnen.

3 / Helikoptermoral und Eventkultur[19]

Kulturentwicklung ist seit Ackerbau, Städtegründung und Rechtsstaat eng mit dem Versuch verknüpft, weniger Ereignisse zuzulassen. Das Leben des Jägers und der Sammlerin während der
Altsteinzeit war aufregend. Die Jagd tastet sich von einem Ereignis zum nächsten, um große Beute versammeln sich viele,
um zu feiern und zu speisen. Der Bauer hingegen ist froh und
dankbar, wenn es im Winter schneit, im Frühling regnet, im Sommer die Sonne scheint, sodass er im Herbst die Ernte einfahren
kann. Ebenso der Städter: Wenn der Organismus der Stadt funktioniert, keine Brände oder Belagerungen Unruhe schaffen, keine
spektakulären Verbrechen geschehen, ist es gut, weil es ruhig ist.

Die menschliche Kultur tendiert dahin, möglichst viel Un-
vorhersehbares vorhersehbar zu machen und es zu regeln. Ge-
schriebene Gesetze sorgen dafür, dass dem Richter wie dem Angeklagten klar ist, was wie zu strafen sei. Die Naturwissenschaft
hat die meisten Ereignisse normalisiert. Wann sich die Sonne
verfinstern wird, steht in der Zeitung und weckt Neugier, nicht
Angst. Technik und Bürokratie sorgen dafür, dass dramatische
Ereignisse selten geworden sind.

So selten, dass die Menschen anfangen, sich zu langweilen.
Der altsteinzeitliche Jäger begegnete einer Schlange, einem Lö-
wen, einem Büffel; jedes Mal erlebte er Ängste und Glücksge-

fühle. Der Sachbearbeiterin wird das nicht ins Büro geliefert. Inszeniert sie sich ihre Säbelzahntiger selbst, indem sie sich in ihren Chef verliebt oder eine Intrige gegen eine Vorgesetzte spinnt? Oder gibt sie sich mit den fiktiven Ereignissen zufrieden, die von den Medien geliefert werden, weil wir sie im realen Leben kaum mehr finden?

Der reale Detektiv in New York feuert höchstens einmal zwischen Dienstantritt und Pensionierung auf einen Menschen. Der Polizist in einer Kriminalserie tut das in 50 Minuten ein paarmal. Wer als Durchschnittstourist im tropischen Regenwald wandert, trifft tagelang auf kein Tier, das größer ist als ein Frosch oder ein Schmetterling. Wenn ein Hollywood-Star mit von der Partie ist, ein Verwegener mit Machete und Jagdgewehr, kommen in Minuten eine Giftschlange und ein Tiger vorbei.

Die optischen Massenmedien haben unsere Urteile verändert. Wir erleben dramatische Ereignisse so lange als inszeniert, bis sie als *wirklich geschehen* berichtet werden. Von den Passanten, die das Attentat auf die Twin Towers vom 11. September 2001 beobachteten, dachten fast alle, das sei ein Stunt für eine Filmproduktion. Erst als sie in den Nachrichten hörten, was geschehen war, nahmen sie die Derealisierung zurück.

Wenn Passanten heute einen Selbstmörder auf einem Dach sehen oder beobachten, wie ein Bankräuber mit einer Geisel aus einem Gebäude tritt, johlen und klatschen sie, als sei das Ganze eine Show. Nun empören sich die Medien über Gefühlskälte. An solchen Szenarien lässt sich die enge Verwandtschaft zwischen der Helikoptermoral und der Eventkultur ablesen. Den Event umgeben Bewertungen wie das Haupt des Heiligen Nimbus und Aureole: wichtig, einzigartig, sensationell, das größte, das schlimmste Ereignis überhaupt.

In der Nachkriegszeit waren die meisten Menschen froh, wenn sich nichts dramatisch, aber das meiste allmählich zum Besseren veränderte. Der Slogan »Keine Experimente!« galt in seiner ganzen Fortschritts- und Wissenschaftsfeindlichkeit für die Adenauer-Ära. Die Deutschen hatten von Aufregungen genug, der Krieg steckte ihnen in den Knochen, niemand wollte an die NS-Verbrechen oder das Flüchtlingselend erinnert werden. Wenn ich mich an diese Zeit erinnere, wundere ich mich oft, wie wenig meine soziale Umwelt und ich auf Ereignisse von »historischer« Bedeutung reagierten – den Koreakrieg, den Tod Stalins, den Aufstand in Ungarn, den Mauerbau.

Die Fußballweltmeisterschaft von Bern im Jahr 1954 war vielleicht das erste Ereignis mit einer im Nachhinein rekonstruierbaren Eventqualität, freilich noch nicht in dem Sinn, dass alle darüber sprachen. Das taten nur die Jugendlichen und die Sportler; meine Mutter und die Großeltern blieben von dem Ereignis vollständig unberührt.

Dieses unaufgeregte Gleichmaß änderte sich fühlbar in der 68er-Zeit. Damals tauchte der Begriff »Happening« auf. Happening ist Kunstereignis; es war sozusagen ein nicht ganz ausgewachsener Event, spielerisch, kindlich, kreativ, etwas für Avantgarden.

Die Kommune 1 in Berlin führte das Happening in die Politik ein – auf den Richtertisch zu scheißen, mit Trillerpfeifen eine Vorlesung zu stören, den Ordinarien voranschreitend ein Spruchband zu entrollen (»Unter den Talaren – Muff von 1000 Jahren!«).

Schon damals kündigte sich auch jener subtile Wettlauf an, der bis heute den Event bestimmt: Gelingt es, durch ein inszeniertes Zeichen die Medien nicht nur aufmerksam zu machen, sondern sie auch tatsächlich für ein Problem zu interessieren? Oder entwertet sich ein Anliegen, weil es zur Show gemacht und trivialisiert wird?

Manchmal trösten PR-Fachleute den Autor, wenn sein Buch verrissen, den Regisseur, wenn sein Film der Lächerlichkeit preisgegeben wurde, mit dem Schlagwort: *There is no bad publicity!* Negative Aufmerksamkeit sei besser als keine; von den Medien ignoriert zu werden ärger als ihr Tadel. Heute ist klar, dass ein Shitstorm Ruf und Karriere kosten kann.

Zu Beginn meines Studiums der Psychologie im Jahr 1960 suchte ich einen Job und fand ihn in der Redaktion eines Ärztemagazins. So habe ich aus der Perspektive des Medizinreporters die nächsten Schritte hin zur Eventkultur miterlebt. Wie bei solchen Entwicklungen üblich, wusste ich selbst anfangs keineswegs, dass sich etwas änderte und ich ein Teil davon war. Zeitschriften für Ärzte waren lukrativ, weil sie – anders als andere wissenschaftliche Zeitschriften – bunte Anzeigen für Arzneimittel drucken und dafür viel Geld kassieren konnten.

Das Magazin *Selecta* war als Firmenzeitschrift entstanden, es war schmissig gemacht, suchte nach internationalem Flair, warb mit Abbildungen und prägnanten Texten, einer Titelgeschichte, Kongressberichten und Standespolitik. *Selecta* war ein guter Werbeträger und machte seinen Gründer, Herausgeber und Chefredakteur reich. Verglichen mit traditionellen wissenschaftlichen Zeitschriften waren wir selbst schon deutlich »mehr« eventorientiert und suchten in den langatmigen Originalarbeiten der anderen Zeitschriften, national und international, nach »echten Ereignissen«.

Die Eventzeugung ist zuerst einmal daran gebunden, dass genügend ehrgeizige, neugierige, suchende Medienschaffende ein Ereignis für geeignet halten, sich damit Platz in einer Redaktionskonferenz und – wenn sie es durchsetzen können – auch Raum im Blatt, im Sender, auf dem Bildschirm zu verschaffen. Die Situation lässt sich mit dem Verhältnis zwischen Jäger und Hundemeute beim britischen Landadel vergleichen: Der Lord sitzt gelassen auf dem Pferd, während die Hunde jeden Busch durchschnüffeln und nach Wild suchen.

Sobald die Hunde etwas aufgescheucht haben, entscheidet der Lord, ob es sich um jagdbares Wild handelt oder nicht. Die Spürhunde konkurrieren miteinander, jeder findet seine Fährte am wichtigsten; der Lord aber wägt ab und bezieht Interessen ein, welche die Spürhunde nicht kennen.

Jede »Nachricht« muss sich wichtig machen und von ihrem Autor wichtig gemacht werden. Das ist oft vor allem ein innerer Prozess im Autor selbst, der ein Thema, mit dem er sich gerade beschäftigt, als das wichtigste der Welt betrachten können muss. Es ist ein seelischer Mechanismus, der aus den Beschreibungen der Hysterie bekannt ist: die manische Abwehr des Alltags, der Routine. Der höchste Wert bietet prekären Halt über den Abgründen der Bedeutungslosigkeit.

Nationalismus ist einer der beliebtesten und billigsten Superlative. Im Sport ist auch im nach 1945 vom Abscheu gegen nationalistische Phrasen geprägten Deutschland schon seit vielen Jahren Superlativismus selbstverständlich. Jeder Sieg wird zum Event gemacht und auf der Fanmeile in einem stereotypen Ritual mit Fahnen und Hupkonzerten begangen, kopflose Menschen in dachlosen Autos. Der Ereignis-Hype erinnert an das Verhalten Ertrinkender: Der Zeitstrom fließt so schnell, die Vergänglichkeit ist so extrem, dass jedes Ereignis aus Leibeskräften schreit, ehe es versinkt.

Wo ein Missstand ist, hat der Eventpolitiker eine Blitzlösung. Das Urteil »wegsperren, und zwar für immer« angesichts eines rückfälligen Sexualtäters zeugt davon, wie weit ein gelernter Jurist wie Ex-Bundeskanzler Gerhard Schröder regredieren kann, wenn es in die Medien passt und seine Popularität steigert.

Gut und Böse sind nicht gemischt, sondern gespalten: Es gibt den Sieger und den Verlierer, die richtige Politik und die falsche. Wer das propagiert, vor dem kann einem bange werden, weil die Realität auf diesem Weg nicht verbessert werden kann, sondern die Handelnden sich selbst blenden, indem sie Ambivalenzen leugnen. Beim Sexualtäter etwa die, dass wir weder alle Harmlosen mit den Gefährlichen wegsperren noch die Gefährlichen mit absoluter Sicherheit von den Harmlosen unterscheiden können.

Nicht jeder Event ist Terror, aber jeder Terror will Event sein, »Theater«. Er lebt von der Aufmerksamkeit der Medien und sucht schnelle Ergebnisse angesichts langsamer Probleme. Entwertung, Dämonisierung und der Abbruch jeder Verhandlung ersetzen das Verständnis für die Unvereinbarkeit von Standpunkten und die existenzielle Tragödie, dass die Übertreibung einer Tugend zum ärgsten Laster werden kann. Heinrich von Kleist hat das im *Michael Kohlhaas* noch ausführen können; heute wird das Dilemma unter der Helikoptermoral begraben wie der schwelende Reaktor von Tschernobyl unter Beton.

Im zweiten Band der Trilogie vom *Herrn der Ringe* schildert Tolkien in der Szene über Sarumans Stimme die Dynamik der manischen Abwehr. Saruman ist geschlagen, seine Heere sind vernichtet, seine unterirdischen Fabriken zerstört; er selbst sitzt gefangen in seinem Turm und blickt auf die Ruinen seiner Macht. Dennoch gelingt es ihm mehrmals, die Niederlage nicht nur zu verleugnen, sondern sich selbst als Weisen darzustellen, der das alles nicht gewollt hat und bereit ist, seine unübertroffenen Einsichten jenen zur Verfügung zu stellen, die er eben noch mit Mord und Brandschatzung überzogen hat.

Diese Macht liegt in seiner Stimme und in der Art, in der er seine Worte wählt, wobei der Zusammenbruch seiner Selbstüberschätzung immer dann deutlich wird, wenn er erkennen muss, dass ihm nicht alle Zuhörer zu folgen bereit sind.

Sarumans Pendant in der Realität ist Albert Speer, der während des Dritten Reichs einer der machtvollsten Paladine Hitlers war und mit diesem in einer gemeinsamen, stark durch architektonische Fantasien geprägten geistigen Welt lebte. Nach Hitlers Tod setzte er sehr schnell die Idealvorstellungen der Sieger an die Stelle Hitlers und wurde chamäleongleich zu dem Musterbild eines reuigen Sünders, der sich in Böses verstrickt hatte, ohne zu wissen, wie böse es war.

Speer wurde zur Lichtgestalt unter den finsteren Paladinen des Führers. Er »erinnerte« sich nicht mehr an seine 1938 mit großen Grausamkeiten durchgesetzte Idee, die Juden in Berlin zu verhaften und deportieren zu lassen, um Grundstücke zu gewinnen, die er für seine grandiosen Umbauprojekte in der Reichshauptstadt benötigte. Ebenso leugnete Speer seine Teilnahme an der berüchtigten Rede Himmlers in Posen, in der ganz offen vom Mord an den Juden gesprochen wurde. Er war nachweislich dort.

Viel kohärenter als Speers Loyalität zu Hitler war sein spezifisches Größenselbst, das nach 1945 den Diener der neuen Moral so gut zu spielen vermochte wie vor 1945 den Vasallen des Führers. Hitler hatte seinen Wert für Speers Karriere verloren. Der frühere Architekt des Führers erhielt viel Beifall für seine

Fähigkeit, die Wünsche der neuen Bauherren zu erraten und sein Selbst entsprechend umzugestalten.

Wenn eine Erwartung nicht erfüllt wird, verschmälert sich die Schutzzone, welche das Größenselbst geschaffen hat. In vielen Fällen wird nur die Schutzzone schwächer. Es ist wie bei jenen in den Sternenkriegen der Zukunftsromane beliebten Szenen, in denen Angriffe zunächst an einem Schutzschirm abprallen. Gefährlich sind Treffer, welche die Energieversorgung des eigenen Schirms gefährden und das Schiff wehrlos machen. Der dann eintretende Zustand entspricht der Depression. Die pharmazeutische Industrie hat das früh entdeckt; eine Zeit lang wurde für Psychopharmaka mit Slogans wie »Sonnenbrille für die Psyche«, »Vor Ängsten beschirmt« geworben.

Schon immer haben die Weisen gefordert, den Augenblick zu genießen. Getan haben das die Kinder und die Armen im Geiste, denn wer zu einer solchen Empfehlung kommt, ist nicht mehr im Besitz dessen, was er rät. Der Event hingegen enthält die Forderung, den Augenblick zu übersteigen, ihn aufzuwerten, ein Ereignis so aufzublasen, dass es den Horizont verdeckt, ein unvergessliches, alle Sinne überwältigendes Erlebnis wird.

In der psychoanalytischen Arbeit ist es möglich, die Motive zu untersuchen, welche eine solche Steigerung veranlassen. Sie hängen damit zusammen, dass die Betroffenen im Grunde nicht an die Festigkeit und letztlich die Realität ihrer eigenen Erlebnisse glauben. Die Übersteigerung ist ein Versuch, festzuhalten, was schon begonnen hat, sich aufzulösen. Die Eventkultur orientiert sich an Tancredis Satz in Lampedusas *Gattopardo*: »Man muss alles ändern, damit alles so bleibt, wie es ist!«

Wer alle Sinne fesselt, hat die besten Chancen, das zu schaffen. Daher reicht es bei der Eröffnung einer Olympiade nicht mehr, die Teilnehmer hinter ihren Fahnen einmarschieren zu lassen; vorher wird das Stadion noch unter Wasser gesetzt, spielen Tausende nach komplexen Choreografien die Geschichte des Gastlandes, erklingt eine spezielle Komposition.

Während die Bindungen in der Arbeitswelt schwächer werden, auch Staatsbetriebe wie Post und Bahn keine Garantie für eine Lebensstellung mehr sind und der subjektive Druck für viele Leistungsanbieter wächst, werden Bindungen an solche Ereignisse intensiv und totalitär. Sie stiften Geborgenheit, machen sich zur Ganzheit. Was die heftigsten Identifizierungen auslöst, hat auch die besten Chancen. Daher die Beliebtheit von Castingshows, in denen »ganz gewöhnliche« Menschen auf ihrem Weg zum Model, Sänger, Tänzer oder Quizsieger begleitet werden. Wenn zwei Events konkurrieren, wird der gewinnen, der mehr manische Abwehr verspricht: Geborgenheit im Ungeborgenen, Ganzheit in der Zersplitterung, Sicherheit in der Globalisierung und Reichtum im Prekariat.

Fassen wir zusammen:

Die Entwicklung der Eventkultur seit dem Ende des Kalten Krieges erfüllt Abwehrfunktionen, von denen in der klassischen psychoanalytischen Kulturkritik nicht die Rede sein konnte. Freud stellte sich »technische Prothesen« vor, wie die Eisenbahn, das Flugzeug, das Telefon. Aber »emotionale Prothesen«, wie sie die Kulturindustrie liefert, haben sich erst nach seinem Tod zu ihrer heutigen Erlebnisdominanz entwickelt.

Wenn wir Freuds Bild vom »Prothesengott« weiterdenken, kommen wir zum Event als Ware und zur Ware als Event. Die Entwicklung ist in zwei Richtungen gegangen: in die Software der Kulturindustrie, der Soaps, der medialen Ereignisse, die – wie *Star Wars* – die unterschiedlichsten Warenwelten vom Spielzeug bis zur Halloween-Maske prägen und so das Gesamtkunstwerk Event schaffen.

Die zweite Richtung betrifft die Prothesen selbst. Sie sind heute mehr als Prothesen, sie sind erweitertes Leben. Die Konsumgüter tendieren dazu, Menschen zu ihrem Anhängsel zu machen, zu einem Problemfaktor, der als Autofahrer zu langsam ist, um die Stärke seines Motors und die Intelligenz seines Bordcomputers zu beherrschen, als Bildschirmarbeiter zu beschränkt, um die technischen Weiten seines Systems zu erfassen, als Handybesitzer zu blind, um anders als ein Maulwurf auf gebahnten Gängen durch die Vielfalt und den Reichtum an Funktionen und Apps zu laufen.

Die Person eines »Führers«, die Freud noch als Antidepressivum und Werkzeug manischer Gleichschaltung der menschlichen Masse interpretiert hat, löst sich in der Eventkultur auf. An ihre Stelle treten *einzelne Warenereignisse oder Ereigniswaren*, die sehr viel mächtiger, aber in ihren Einflussmöglichkeiten auch schwerer voraussagbar sind. Davon lebt die neue Berufsklasse des Medienberaters, ohne den sich Vorstandsvorsitzende und Politiker ihre Tätigkeit nicht vorstellen können. Diese Berater sorgen dafür, dass die heutigen »Führer« sich selbst zu einer Kette von Ereignissen stilisieren und so ihre Popularität erhalten.

Nicht die Menschen gestalten die Ereignisse, die Ereignisse reißen die Mächtigen in ihren Sog, spülen sie nach oben oder verschlingen sie, wie den Ex-Bundespräsidenten Christian Wulff. Medien, Mediengestalter und die Medien beherrschenden Gestalten greifen wie Zahnräder ineinander. Es ist nicht mehr erkennbar, wer jetzt was wann bewegt.

Wenn wir die Eventkultur als Dienerin einer manischen Abwehr identifizieren, bleibt die Frage: Was wird abgewehrt?

1. *Sinnarmut.* Die Sinnfrage beruht zum Teil auf einer Extra-polation, welche dem Menschen durch seinen reflexiven Geist möglich ist. Vieles, was ich tue, geschieht in der Absicht, ein Ziel zu erreichen. Da muss doch das Ganze meines Erlebens zielgerichtet, sinnhaft sein! Wer die Evolutionstheorie ernst nimmt, wird die Sinnfrage in dieser Form nicht mehr zulas-sen. Religion trägt viele Menschen emotional nicht mehr. Der Event hat den Vorzug, dass er den Mangel an langfris-tigem »Sinn des Lebens« durch Intensität ersetzt. Solange ich an dem Ereignis teilhabe, löst sich die Sinnfrage auf.

2. *Wertunsicherheit.* Dominante Inszenierungen der Eventkul-tur drehen sich um Wettbewerbe. Wer gewinnt, beweist sei-nen Wert. In der Eventwelt werden Wettbewerbe inszeniert und aufgebläht: Nicht (Pseudo-)Experten bewerten Anfän-ger, die etwas werden wollen – »Deutschland sucht den Superstar«. Die Zuschauer können sich in die Rolle der Jury versetzen, Sieger bestimmen und Unterlegene. Wer an-dere bewertet, schützt sich vor eigenen Ängsten vor Wert-losigkeit.

3. *Exhibitionistische Frustration.* Immer übersteigt die Zahl de-rer, die nach dem Ruhm haschen, die Zahl derer, die tatsäch-lich zu ihm vordringen. Ein Beleg sind die vielen Kopien, die jede reale und selbst virtuelle Figur produziert, welche den begehrten Glanz gewonnen hat: Elvis Presley oder Marilyn Monroe, Harry Potter oder Luke Skywalker.

4. *Unübersichtlichkeit.* In der Konsumgesellschaft dominieren Unübersichtlichkeit und mit ihr Ängste, sich in komplexen Zusammenhängen zu irren, sich täuschen zu lassen, Fehler zu machen. Die Eventkultur bietet eine Ersatzbefriedigung, welche diese Ängste abwehrt, indem sie »Durchblick« und

»Kontrolle« wenigstens über das aktuelle Ereignis verspricht. Die meisten Schlagzeilen der Boulevardpresse erzeugen »menschliche« Events, die jeder verstehen und bewerten kann. Typisch für die Eventkultur ist, dass kein Massenmedium auf den Event verzichten wird. So gewinnt er seine unentrinnbare Qualität.

Stars einer Vorabendserie werden von Zuschauern, die sie auf der Straße treffen, so behandelt, als ob sie nicht die Schauspielerin B., sondern eine vertraute Bekannte vor sich hätten, der gegenüber sie schon immer einen moralischen Kommentar abgeben wollten. Solche Reaktionen sind in der Eventkultur weder zufällig noch beliebig, sondern zu erwarten. Eine TV-Serie schafft eine künstliche Heimat, ein Zuhause, das es ihnen erlaubt, den Mangel an interessanten Personen in ihrem Alltag zu leugnen. Zur Realität der großen Stadt gehört, dass Menschen in ihren Wohnungen isoliert sind; die Serienheimat ist wieder das Dorf.

5. *Monotonie.* Der Event wehrt die Monotonie ab, welche durch Arbeitsanforderungen entsteht, in denen immer das Gleiche erledigt werden soll. Im Jahresablauf verwurzelte Ereignisse werden zu Events gesteigert: der Weihnachtsmarkt, das Silvesterfeuerwerk, der Karneval.

6. *Symbiose.* Eine wesentliche Qualität des Events ist, dass er in vielen Beteiligten gleiche Gefühle weckt und sie daher von Fantasien der Vereinsamung und Vereinzelung befreit. Der Event ist totalitär und flüchtig zugleich: totalitär, weil er alle Sinne beansprucht, flüchtig, weil er alsbald dem nächsten Event seinen Platz überlassen muss und sich sozusagen durch die eigene Überpräsenz selbst abnützt.

Die Helikoptermoral lässt sich als Bordorchester der Eventkultur verstehen, Sie entlastet kurzfristig und belastet auf lange Sicht, weil viel Energie für Verleugnungen vergeudet wird. Sie erhebt sich über den Kompromiss, über die Suche nach dem kleineren Übel, über die Toleranz für Widersprüche und die Bereitschaft zu verzeihen, was nun einmal nicht mehr ungeschehen gemacht werden kann. Diese Phänomene gibt es im Mikrokosmos von Liebe und Partnerschaft wie in der Politik.

Die Analyse der Eventkultur zeigt, wie tief die Antriebe zur Helikoptermoral in Unübersichtlichkeit wurzeln. Das alte Motto von leben und leben lassen gerät unter den Druck, dass sich alle um ein einziges Ereignis kümmern müssen, wo noch Siege möglich sind oder wenigstens ein Ringen um den Sieg in ein vorläufiges Unentschieden führt. Sobald ein Problem unter die Medienoberfläche taucht, entsteht der beruhigende Schein einer Lösung.

Die Verhandlungen haben zu einem Ergebnis geführt, ein Vertrag ist geschlossen, eine Einigung erzielt. Zwar wissen alle, die mit der Sachlage vertraut sind, dass dieser Vertrag, diese Einigung nicht funktionieren wird. Längst ist bekannt, dass einer oder beide Partner schon früher viel versprochen und wenig gehalten haben. Aber die »Öffentlichkeit« wirkt heilfroh, eine Situation erst einmal los zu sein, deren »Unlösbarkeit« darauf beruht, dass jede Seite an einer Illusion hängt. Etwa der, Schulden würden zurückgezahlt, besetztes Land würde wieder aufgegeben, bequeme Misswirtschaft beendet.

4 / Hypermoral in der Partnerschaft

Die seelische Dynamik der Helikoptermoral lässt sich auch im Familienleben beobachten. Hier bietet das hohe Ideal der romantischen Liebe viele Ansatzpunkte, zu entwerten, was nicht den symbiotischen Gleichklang der Werte und Wahrheiten verspricht. Wie der Helikopter die Gefahren des Höhenflugs überlärmt, so verlieren sich im hektischen Moralisieren Kontakt und Empathie.

»Annemarie und Klaus lernen sich kennen, als Klaus gerade frisch geschieden ist. Seine zwei Söhne leben bei ihrer Mutter. Klaus sagt Annemarie nachdrücklich, dass er auf gar keinen Fall noch einmal Kinder haben will. Wenn sie mit ihm etwas anfangen wolle, müsse klar sein: feste Beziehung ja, Kinder nein. Annemarie steckt mitten in ihrer Weiterbildung zur Fachärztin. Sie kann sich gerade keine Schwangerschaft vorstellen und versichert Klaus, das sei kein Problem.

Fünf Jahre später ist sie dennoch schwanger. Sie habe, sagt sie, die Pille vergessen. Klaus glaubt das nicht so ganz. Es passt ihm nicht in sein Lebenskonzept, mit über 40 Jahren noch einmal Vater zu werden. Anderseits – sie haben eine Wohnung, die groß genug ist, und sie können sich Hilfe leisten. Annemarie ist fest entschlossen, das Baby zu bekommen. Klaus entwickelt sich zu einem begeisterten Vater. Als Annemarie ihrer besten Freundin gesteht, sie habe die Pille heimlich abgesetzt, empört sich diese: Wie könne Annemarie mit dieser Lüge leben?«

Dieser Text stand in der Rubrik »Die großen Fragen der Liebe« vor einigen Jahren im *Zeit-Magazin*. Mein Kommentar suchte nach Verständnis für den Mutter-Trick, aber auch für den Unwillen des Ehemanns. Er lautete:

»Klaus hat miterlebt, dass seine erste Ehe nach der Geburt von Kindern scheiterte; er will sich diesem schmerzlichen Prozess nicht wieder aussetzen und trifft rigide Vorsichtsmaßnahmen. Annemarie unterstützt ihn zuerst darin; als sich die Beziehung festigt und ihr Kinderwunsch stärker wird, greift sie zur egoistischen List. Die Moralistin wendet sich mit Grausen ab. Der Pragmatiker aber erkennt eine gewisse Gerechtigkeit darin, dass durch die heimliche Aktion nicht mehr die Frau, sondern der Mann dem Druck unterworfen ist, entweder eine Schwangerschaft zu akzeptieren oder sich zu trennen. Die meisten Väter können eine handfeste Wirklichkeit besser verarbeiten als die von Perfektionsansprüchen umwaberte Eventualität.«

Zu dieser Antwort kamen empörte Mails. »Ab und zu lese ich Ihre Kolumne auf *Zeit online*. Leider bin ich bisweilen ziemlich anderer Meinung als Sie. Der kürzlich unter der Überschrift ›Darf sie eigenmächtig schwanger werden?‹ veröffentlichte Artikel schlägt allerdings allem den Boden aus. Ich sitze vor Wut, Angst und Empörung zitternd da. Frauen dürfen einfach selbst entscheiden? Über das Leben eines Kindes und das Leben eines Mannes? Und das soll in Ordnung sein? Ich kann Ihnen nur sagen, aus tiefster Seele: DAS IST FALSCH! Ist die Würde eines Mannes nichts mehr wert? Dürfen Männer nicht mehr über ihr Leben entscheiden? Warum dürfen Frauen entscheiden? Ich bin ein Mensch, der versucht, anderen nicht zu viel zu schaden, und ich sitze hilflos da, ohne Lobby, ohne andere Männer, die meine Interessen vertreten. Mir bleibt nicht viel, als mich zurückzuziehen. Was ich dieser Gesellschaft vielleicht hätte geben können, wird seit vielen Jahren vernichtet, weil ich mich am Rand halte. Und dazu tragen Menschen wie Sie bei, die solche Ungeheuerlichkeiten verbreiten!«

Während mein Kommentar sich auf die Verarbeitung eines krummen Weges richtete, wurde er von den Protestierenden so verstanden, als hätte ich diesen Weg »richtig« gefunden, zur Planung und Nachahmung empfohlen und so die Menschen, die einen Kolumnen schreibenden Psychologen als moralische Instanz wählen, ins Unglück getrieben.

Ich kann den Zorn des Mannes verstehen, wenn er auch den Zusammenhang ignoriert, in dem meine Antwort steht. Es würde nichts an Lebensqualität gewonnen, wenn sich die Mutter nachträglich mit Schuldgefühlen herumschlagen würde, dass sie ihr Kinderwunsch und ihre Bindung an gerade diesen Partner zu dieser Lösung veranlasst haben. Allerdings enthält die Antwort auch eine Bemerkung, die als prospektive Rechtfertigung solchen Verhaltens gedeutet werden kann.

Es geht um das Argument, dass die weibliche List hier etwas ausgleicht, was man biologische Ungerechtigkeit nennen könnte. Der Mann kann bequemer die Entscheidung über eine Zeugung hinausschieben als die Frau die Entscheidung über eine Schwangerschaft. Er kann die emotionale Last der Partnerin aufbürden und sagen: »Später vielleicht«, »Ich lasse mich nicht drängen« oder »Wenn es unbedingt sein muss, dann suche dir einen anderen!«

In der psychotherapeutischen Praxis lassen sich Belege für positive wie für negative Folgen solcher Strategien finden. Ich habe mit Frauen gearbeitet, die ihre Partner solchen Zumutungen ausgesetzt haben, und mit Männern, die sich als Opfer einer solchen List fühlten. Daneben lernte ich Frauen kennen, die sich weder trennen noch ihren Partner mit einer Schwangerschaft konfrontieren wollten. Ihr Gegenstück sind vielleicht Männer, die sorgfältig verhüten und dem Versprechen einer Partnerin konsequent misstrauen, sie trage eine Spirale, nehme die Pille, sei nach ärztlicher Aussage unfruchtbar.

In meinem Kommentar zu der Fallgeschichte (die Erfahrungen mit mehreren solchen Fällen aus meiner Praxis verdichtete) hatte ich das Verhalten der eigenmächtigen Schwangeren nicht für gut, aber für verständlich befunden. Ich hatte es nicht aus der Haltung heraus diskutiert, dass nicht sein darf, was nicht sein sollte. Man könnte es die Differenz zwischen einer pragmatischen und einer perfektionistischen Sichtweise nennen. Ich hatte versucht, mich in die Wege solcher Frauen einzufühlen, etwa nach dem Bild, dass auch ein krummer Ast Früchte tragen kann.

Die empörte Reaktion ließ mich über meine Rolle nachdenken. Ich bin kein Sittenrichter, sondern Psychologe. Hatte ich den Männern unrecht getan? War mein Beispiel tendenziös? Jetzt fielen mir Geschichten ein, die mir ebenfalls in meiner Praxis erzählt worden waren, von Männern, die sich nach einem *One-Night-Stand* von Vaterschaftsansprüchen behelligt fühlen oder erfahren, dass die schwangere Gelegenheitsbekanntschaft, welche behauptet hatte, die Pille zu nehmen, lesbisch ist und gerne ein Kind mit ihrer Freundin aufziehen möchte.

Die meisten Paare werden sich einig darüber, ob sie Kinder wollen oder nicht. Sie sprechen darüber; die Entscheidung ergibt sich aus den Gesprächen, wer verhütet und was geschehen soll, wenn es mit der Verhütung nicht klappt. Beides hängt damit zusammen, wie jeder für sich und beide zusammen über ihre Zukunft denken. Kinder zu haben ist für viele Männer und vielleicht noch mehr Frauen ein existenzielles Bedürfnis und gleichzeitig eine Quelle von Versagensängsten. Es gibt dann den Kompromiss, die Schwangerschaft aufzuschieben.

Dieser Kompromiss benachteiligt die Seite, deren biologische Uhr lauter tickt. Eine Frau darauf festzulegen, was sie einmal zugesagt hat, ihr nur die Wahl zu lassen zwischen dem Eingeständnis von Wankelmut oder dem Verzicht auf Selbstverwirklichung, ist lieblos, auch wenn es korrekt sein mag.

Frauen dürfen einfach selbst entscheiden? Über das Leben eines Kindes und das Leben eines Mannes? Einfach ist das nicht, für keinen der Beteiligten. Die Entscheidung geht auch nicht primär über das Leben eines Kindes. Ob ein Ei befruchtet wird, ob daraus ein Kind entsteht, das ist ein sehr komplexes Geschehen, in dem viele Faktoren zusammenfinden und zusammenstimmen müssen. Es scheitert öfter, als modernen Paaren lieb ist, wie die wachsende Nutzung der Fertilitätsmedizin erweist.

Entscheidet der Mann, der einer Frau ihren Kinderwunsch verweigert, nicht ebenso über ihr Leben wie sie über das seine, wenn sie ohne sein Wissen die Pille weglässt? Der eine Versuch, den Partner zu unterwerfen, ist offen; der andere verborgen. Aber macht das den ersten harmlos und gerecht, den zweiten bösartig und heimtückisch? Keinesfalls kann ich meinem moralischen Empfinden die Überzeugung abringen, dass ein Mann, der durch die Drohung, sie zu verlassen, eine Frau zur Abtreibung zwingt, harmloser ist als eine Frau, die ihn über ihre Fruchtbarkeit täuscht und ihm eine Vaterschaft aufnötigt.

Manchmal begegnet dem Paaranalytiker aber auch die entgegengesetzte Dynamik. Eine Frau ist schwanger geworden, aber sie will das Kind nicht und entscheidet sich gegen den Willen des beteiligten Mannes zu einem Abbruch der Schwangerschaft. Er empfindet das als unerträgliche Kränkung, verweigert jede Einfühlung in die Not der Überforderten, bedroht sie mit Trennung, mit juristischen Schritten.

Sind diese Männer unbewusst an das Bild einer Frau gebunden, die ganz genau so ist, wie sie es sich vorstellen, die keine anderen Interessen kennt als die von ihnen als »gemeinsam« erlebten? Dann würde auch die verzweifelte Wut angesichts des Verdachts verständlich, die Frau habe sich auf den Sexualakt nur deshalb eingelassen, um dem Mann »ein Kind anzuhängen«! Sie wird nicht als Gegenüber wahrgenommen, das eigene Interessen verfolgt, sondern als Verräterin an einem Versprechen, als Zerstörerin einer Einheit. Folgerichtig wird auch der Psychologe, der Verständnis zeigt, zu einem Verräter am männlichen Geschlecht.

In der großen biblischen Erzählung sind Eva und die Schlange neugierig und lassen sich nicht von den Verboten des Schöpfers beeindrucken. Dieser rächt sich an den Geschöpfen, die seine Erwartungen enttäuscht haben. Er scheucht sie aus dem Paradies. Im nächsten Kapitel der Ursprungsgeschichte ist die Rache für enttäuschte Erwartungen bei den Menschen angekommen. Kain, der Sesshafte, rächt sich dafür, dass Abels Opfer Gott besser gefällt. In ihrer Studie zur Mythologie der Bibel erklären Robert von Ranke-Graves und Raphael Patai[20] diesen Streit als den Jahrtausende bestehenden Kampf zwischen dem nomadischen Hirten und dem Ackerbauern. Der eine will die freie Weide, der andere erschlägt den Räuber seiner Ernte.

Eine der wichtigsten Fragen zum Verständnis der großen wie kleinen Auseinandersetzungen zwischen Menschen lautet: Warum können wir manche Enttäuschungen verarbeiten, andere aber nicht? Konkreter: Warum erschlägt Kain seinen Bruder in der geschilderten Opferszene, warum hat er ihn nicht schon früher erschlagen? – Als Erstgeborener, dem ein jüngeres Geschwister die Alleinstellung raubt, hat er sicher Gründe gehabt.

Warum konnte er nicht die Güter abwägen und, ohne sich mit Mord zu beflecken, den Ort verlassen, an dem sein Bruder beliebter war als er? Es liegt, könnten wir sagen, an der Qualität der Erwartung, die enttäuscht wird. In der psychoanalytischen Deutung wird oft gesagt, es handle sich um »idealisierte« Erwartungen. Sie nehmen einen besonders hohen Rang im Wertehorizont ein. Das eigene Selbstgefühl scheint von Zerfall und Vernichtung bedroht, wenn die Erwartung nicht erfüllt wird.

Diese Dynamik verbindet sie mit dem kriegerischen Symbol, etwa der Fahne, für die der Soldat »heldenhaft« kämpfen soll, was doch auch bedeutet: lieber morden oder sich morden lassen, als darüber nachzudenken, ob er nicht nach einem kleineren Übel suchen soll.

Wenn Verliebte erwarten, dass zwischen sie wie zwischen die Steine einer frühgriechischen Tempelmauer keine Messerklinge passt, wird jede Lüge unverzeihlich. Und doch betrügen und belügen sich Liebende. Manche können es sich verzeihen und hinreichend friedlich zusammen alt werden, anderen gelingt das nicht. Um diesen Unterschied zu verstehen, müssen wir uns mit den Gefühlen beschäftigen, welche blind machen für die Suche nach dem kleineren Übel. Interessanterweise hat diese Dynamik durchaus etwas mit »groß« und »klein« zu tun. Wer das große Gute nicht haben kann, ist in diesen Situationen unfähig, sich für das kleinere Übel zu entscheiden; er fühlt sich vor der Alternative »alles oder nichts«.

Wenn wir Kain fragten und er uns antworten könnte, würde er wohl sagen: Ich konnte mir ein Weiterleben mit dieser Schmach nicht vorstellen, es war für mich undenkbar, das zu ertragen und mich ungerächt abzuwenden, es musste etwas geschehen, entweder er oder ich! Gefragt, ob nicht Gott mehr Schuld an dem Dilemma trage als sein Bruder, hätte Kain entweder den Frager wegen dieser Blasphemie erschlagen oder doch zugestanden, dass Gott leider nicht greifbar sei und sein Bruder ihm Gottes Wohlwollen gestohlen habe, das ohne diesen Dieb ihm gehöre. Und Diebe müssten nun einmal bestraft werden, umso mehr, je größer ihre Beute. Abel habe sich die größte denkbare Beute angeeignet.

Vor allem würden wir Kain Ungeduld anmerken, weil wir so wenig begreifen, dass er *schnell* handeln musste, und seine Gefühle keinen Aufschub duldeten. Jede Minute, die er länger gewartet hätte, sich an Abel zu rächen, würde sich ins Unerträgliche dehnen.

Diese Unfähigkeit zu warten und ein Spektrum von Handlungsmöglichkeiten geistig abzutasten spricht dafür, dass solche Situationen in frühen Erfahrungen wurzeln, die urtümlichen, schnellen und druckvollen Reaktionen des Organismus entsprechen. Diese seelischen Reaktionen sichern das Überleben lange vor der Entwicklung des planenden Ichs.

Für das kleine Kind ist alles sicher, wenn es bei der (ausreichend guten) Mutter ist. Dann sucht das Kind nach Reizen und experimentiert mit sich selbst; es braucht die Mutter erst wieder, wenn diese Reize überhandnehmen. Sobald die eigene Verarbeitungsmöglichkeit nicht mehr ausreicht, äußert das Kind seine Angst, ruft und sucht die Mutter. Die Angst steigert sich, wenn die Mutter nicht kommt. Ist sie aber im großen Ganzen rechtzeitig da, ist alles wieder gut. Wie überall gibt es auch hier Katastrophen: Die Mutter kann das ängstliche Kind entwerten, nicht trösten. Oder ist nicht stark genug, der Gefahr zu begegnen, hat selber Angst und beschützt das Kind nicht.

Angst ist ein Affekt, der während der frühen Kindheit reift und je nach Intensität und Verarbeitung Panik oder die zielgerichtete Suche nach einem sicheren Ort einleitet. Die primitive Fluchtreaktion kann ebenso gefährlich werden wie Jähzorn. Das zeigen Ereignisse, in denen allein durch den physischen Druck einer panischen Masse Dutzende von Menschen erstickt werden.

In menschlichen Beziehungen hängt Angst sehr eng mit dem Komplex einer schnellen Lösung »ohne Rücksicht auf Verluste« zusammen, deren Motto »Koste es, was es wolle« oder »Augen zu und durch!« lautet. Durch Angst motivierte Entscheidungen haben viele unbewusste Anteile, werden aber meist als vom Ich gesteuert erlebt. Die Angst wurzelt in einer primitiven Alarmreaktion, die auf Aktionen von Flucht und/oder Kampf vorbereitet. Je nach den bisherigen Erfahrungen dominieren Rückzug oder Angriff.

Bei Pflanzenfressern überwiegt (es gibt Ausnahmen bei großen und wehrhaften Exemplaren) die Neigung zum Rückzug. Auch Raubtiere bevorzugen den Rückzug; ohne diese Eigenschaft wäre eine Dressur von Löwe und Tiger unmöglich. Sie meiden Überraschungen und wollen sicher sein, ehe sie zuschlagen. Der Mensch orientiert sich an Erfahrungen, die ihm in Familie und Gesellschaft vermittelt wurden. In der menschlichen Angst überwiegt die soziale Komponente: Geliebte Menschen beruhigen, fremde wecken Neugierde und/oder Angst, Hassobjekte je nach ihrer Stärke Fluchtbereitschaft oder Aggression.

Dem Menschen ist die Last auferlegt, sich in seinen Beziehungen durch Einfühlung zu orientieren. Die meisten Säugetiere können Gebärden von Artgenossen »lesen«. Aber der Mensch muss nicht nur die spontanen Gebärden lesen, sondern sie auch mit einem kulturellen Code verknüpfen, der ihm beispielsweise verrät, was sein Gegenüber jetzt ängstigt, wütend macht, in Schamgefühle versetzt und hemmt.

Zur menschlichen Verliebtheit gehört das Erleben einer Seelenverwandtschaft, eines symbiotischen Zwillings, auf die bereits Platon in dem Gleichnis des Aristophanes anspielt. Da Empathie möglich ist, aber sehr oft nicht gelingt, müssen Liebende, die sich symbiotisch verbunden fühlen, immer wieder Enttäuschungen abbauen und Wut neutralisieren, wenn der Partner »mich nicht versteht« oder nach seinem Gutdünken agiert, obwohl »er doch ganz genau weiß, dass ich das nicht ertrage«.

Der Partner kann unmöglich Angst haben, wenn ich mich nicht fürchte. Er stellt sich an. Ich bin überhaupt nicht aggressiv. Ich habe eine sachliche Feststellung getroffen, ihn über die Realität – etwa seiner Charaktermängel – aufgeklärt, damit er sich bessern kann. Aber plötzlich ist er gekränkt.

Angst ist ein schneller Affekt. Der Ängstliche verliert die Möglichkeit, zwischen realen und imaginären Gefahren zu unterscheiden. Wir erschrecken, handeln – und denken erst, wenn wir gehandelt haben. Wie Heinrich von Kleist wohl als Erster bemerkt hat,[21] kann die Suche nach einer vernünftigen Lösung gefährlich sein, weil sie langsam ist.

In der paartherapeutischen Praxis ist die Unfähigkeit eines oder auch beider Partner, das Verhalten des Gegenübers mit

Ängsten zu verknüpfen, eine der am häufigsten beobachtbaren Konfliktquellen. Der Analytiker ebenso wie die Partner können dieses Geschehen mit sehr viel mehr Verständnis und Geduld verfolgen, wenn sie die bisherige Verleugnung und Verdrängung von Ängsten rückgängig machen. Dieser Prozess nimmt viel mehr Zeit und Kraft in Anspruch, als nach den ersten Einsichten erwartet wird. Es geht auch in der Paarkommunikation um das von Freud beschriebene »Durcharbeiten von Widerständen«, das in beiden Fällen nichts anderes ist als eine Auseinandersetzung mit den Ängsten vor einer Veränderung. Sie kann erst geschehen, wenn wir lernen, Ängsten standzuhalten, die wir bisher durch hastige Gegensteuerungen vermieden haben.

Wenn Ängste im Verhalten der Partner der Beobachtung schwerer zugänglich sind als Aggression und Entwertung, liegt das daran, dass Barrieren gegen die Autonomiemängel der Kindheit errichtet werden. Wenn das Unbewusste zeitlos wirkt, liegt das an der Eigenart der Angst, nicht zwischen imaginären und realen Gefahren zu unterscheiden. Was Gefahr sein *könnte*, weckt »auf die Schnelle« kaum weniger Angst als das, was Gefahr ist. Und während die von der Angst identifizierte Gefahrenquelle geprüft werden kann, gelingt das bei den aus ihr abgeleiteten Kämpfen um die Wiederherstellung der symbiotischen Konstruktion nicht.

Sobald die Partner einander gestehen können, dass sie sich aus Angst manipuliert haben oder aus Angst Manipulation unerträglich finden, lässt sich das erotische Ritual wiederherstellen. Es kann beiden helfen, über ihre Ängste hinweg zu fühlen, dass Kränkungen und Enttäuschungen vergessen werden und so der frühere (Gefühls-)Zustand wiederhergestellt werden kann. Wer sich Liebe wünscht und sie zulässt, wird zugänglich für das

Erleben, dass die gegenwärtige Nähe die Fesseln der Angst lösen kann. Wer hingegen meint, gut überlegen zu müssen, ob er mit einer Person voller verächtlicher Charaktermängel weiter zu tun haben will, wird nicht Trost, sondern neue Ängste ernten. Eine Beruhigung seiner Ängste vor Entwertung ist fast unmöglich, weil er diese nicht erlebt und sich selbst zuordnet, sondern die Wertlosigkeit des Partners projizierend aufbaut.

Melanie Klein hat zuerst beschrieben, wie im menschlichen Erleben die Sehnsucht nach einem ganz guten, ganz befriedigenden, einem Liebesobjekt ohne Fehl und Tadel entsteht. Sie vermutet, dass das kleine Kind noch nicht in der Lage ist, befriedigende und enttäuschende Aspekte des mütterlichen Liebesobjekts *gleichzeitig* zu erleben und sie miteinander so zu verknüpfen, dass klar ist: Ich kann das eine nicht ohne das andere haben! So wird das Liebesobjekt »gespalten«, in einen gänzlich guten und in einen schlechten Teil zerlegt. Ein Beleg dafür ist die Szene, in der eine Mutter ihr dreijähriges Kind schlägt und dieses hilferufend »Mama, Mama!« schreit. Gegen diese böse Mutter soll die gute zu Hilfe kommen! Später erkennt das Kind, dass die Mutter sowohl gute wie schlechte Qualitäten hat; es integriert beide Seiten und kann sich von jetzt an besser orientieren.

Donald Winnicott, von Beruf Kinderarzt und einer der begabtesten Schüler von Melanie Klein, hat diese analytische Sicht durch eine Betrachtung ergänzt, die man heute »systemisch« nennen würde, obwohl sie die Analytiker gefunden haben, als es die systemische Familientherapie noch gar nicht gab. Er verknüpft die Spaltung in eine gute und eine böse Mutter mit der Frage, wie denn nun die Mutter selbst beschaffen sein muss, um dem Kind die Verbindung dieser beiden Extreme zu ermöglichen und dadurch die Beziehung zur Mutter von den heftigen Schwankungen zu entlasten, die zwangsläufig mit der Spaltung verbunden sind. Es beruhigt doch ungemein, wenn ich beim Nachhausekommen immer dieselbe Mama vorfinde, nicht heute eine Göttin, morgen einen Drachen. So prägte Winnicott die Unterscheidung zwischen der Mutter, die perfekt sein soll, von der Mutter, die gut genug ist.

Die Analyse der Helikoptermoral lehrt, dass gegenwärtig diese Unterscheidung zwischen einer Moral, die gut genug funktioniert, und dem moralischen Perfektionismus schwindet. Das hängt sowohl mit dem Getöse der Eventkultur zusammen wie auch mit den wachsenden Ängsten vor einer unsicheren Zukunft. Deren Unsicherheit entstand und entsteht gerade durch die Fantasie einer perfekten Befriedigung, einer perfekten Lösung unserer Energieprobleme, endlich einer perfekten Menschenwelt durch die Durchsetzung des einzig wahren, einzig gültigen Glaubens.

Wir haben Maschinen gebaut und machen sie immer »besser«. Sie bringen uns mit aberwitzigem Energieaufwand nicht nur schneller, sondern auch sicherer denn je zuvor von A nach B. Autos zerstören zwar die Umwelt und zementieren soziale Ungleichheit, aber sie sind sagenhaft bequem und erfüllen Bedürfnisse, von denen wir ohne sie gar nicht wüssten, dass wir sie haben.

Die Konsumgesellschaft hat sich weit davon entfernt, gut genug und möglichst stabil für die Menschen zu sorgen. Sie strebt nach Omnipotenz in der Gegenwart auf Kosten der Zukunft. Angesichts schwindender Reserven wächst der Größenwahn. Ein Beispiel ist King Fahd's Fountain in Dschidda, seit seiner Eröffnung im Jahr 1985 zu Ehren des saudischen Königs der höchste

Springbrunnen der Welt. Sein Vorbild war der Springbrunnen im Genfer See, der maximal 140 Meter hoch spritzt. Eine absurde Konkurrenz der Verschwendung, wenn man bedenkt, dass der ursprüngliche Springbrunnen in Genf der Überlauf einer 1885 erbauten Druckwasserleitung war, der 1951 mithilfe von zwei Pumpen und einer Kraft von 1300 PS in ein touristisches Wahrzeichen umgebaut wurde.

In Saudi-Arabien schießt der Springbrunnen aus einem Salzwasserbecken über die Höhe des Eiffelturms. Der konstruktive Aufwand ist enorm, da Salzwasser die Leitungen korrodiert. Allein die Beleuchtung verschlingt neunmal so viel Energie wie der ganze Betrieb in Genf. Je unsicherer sich ein Regime fühlt, desto mehr wird verschwendet, um die eigene Größe zu beweisen.

Während unsere animalische Natur uns lehrt, nur das zu fürchten, was da ist, zwingt uns die Fähigkeit zu planen und Reaktionen in unserer Fantasie durchzuspielen in Ängste vor Gefahren, die kommen könnten. Wir reagieren auf sie mit der gleichen Intensität wie auf reale Gefahren. Um uns sicher zu fühlen, haben wir zahllose Gesetze und Bürokratien erfunden, die uns sagen, was richtig ist und was falsch. Unter dem Bann des Perfektionismus regulieren diese Gremien immer mehr Risiken und vermitteln uns so, dass wir auch immer mehr Fehler machen können. Wir kämpfen mit den Werkzeugen des Perfektionismus gegen unsere Ängste und multiplizieren sie auf diese Weise.

Helikoptermoral und primitiver Narzissmus

Wer nach einer einfachen Formel für die Psychodynamik der Helikoptermoral sucht, wird das Modell des primitiven Narzissmus anschaulich finden. Dieses Modell lehnt sich an die früheste Beziehung des Kindes an, in der eine archaische Zweiteilung dominiert: Ist die Mutter da, ist alles gut; fehlt sie, ist alles schlecht. Diese Gefühlszustände gehören zu einer Spezies, in der Nachkommen nur überleben, wenn es ihnen gelingt, ein Mindestmaß an Fürsorge von Artgenossen zu bekommen.

Wenn wir uns Seelenzustände und Moralvorstellungen ausmalen wollen, die sich völlig von unseren unterscheiden, können wir an Arten denken, in denen sich Mutter und Kind niemals persönlich kennenlernen und binden. Hier dominiert ein absoluter Realismus, während die menschliche Realität moralisch »konstruiert« wird, eben weil für Menschenkinder während einer langen, prägbaren Entwicklung nicht die nackte Umgebung, sondern die von den Eltern geschaffene »Welt« dominiert.

In diese Welt zu passen, weckt ein Gefühl von Sicherheit; aus ihr herauszufallen, weckt panische Angst. Die Angst ist dabei das zentrale Motiv – das Glücksgefühl von Harmonie und Sicherheit entsteht in dem Augenblick, in dem die Angst nachlässt. Im Erleben des Kindes spaltet sich früh das Mutterbild: Es gibt die gute, nährende, bestätigende Mutter und die böse, geizige, strafende. Entsprechend zweigeteilt sind Wahrnehmung und Weltentwurf: Es gibt Richtig und Falsch, Goldmarie und Pechmarie, Idylle und Schauder, alles und nichts.

Ähnlich dem Faschismus und dem religiösen Fundamentalismus fügt sich auch die Helikoptermoral in eine Reihe von Erscheinungen, die etwas wie eine Dialektik der Moderne erschließen: Je komplexer die Welterfahrung, je zahlreicher die Lebensalternativen, je schwieriger die Orientierung in Wirtschaft und Politik, desto größer auch die Sehnsucht nach einfachen Lösungen, nach dem Steuergesetz auf dem Bierdeckel und der Scharia.

Das folgende Beispiel illustriert die Macht dieser Sehnsucht an einem Widerspruch, der womöglich über unsere Zukunft entscheidet: Wird es der Menschheit gelingen, sich aus den destruktiven Fesseln der patriarchalischen Traditionen zu befreien – oder muss dieser Versuch scheitern, weil die Gleichberechtigung und Gleichstellung von Mann und Frau, womöglich auch noch von Mensch und Tier unsere moralischen Kapazitäten schlicht überschreitet? Ich greife zu diesen pathetischen Formulierungen, weil es so billig, einfach und auch in liberalen Blättern beliebt ist, den sogenannten »Genderismus« ebenso zu entwerten wie die »übertriebenen« Positionen von Tierschützern und Veganern.

Nun zu dem Beispiel, das mich vielleicht auch deshalb bewegt hat, weil ich in Niederbayern aufgewachsen bin und einen großen Teil meiner Schulzeit in Passau verbracht habe. Ausgelöst wurde ein Angriff der Helikoptermoral durch ein Projekt für eine Feier der Sportstudenten an Passaus Universität. Sie schrieben einen Wettbewerb aus und hielten es für witzig, den alten bayerischen Brauch des Fensterlns dem Konkurrenzdenken zu erschließen – weiter, höher, schneller! Bei diesem altbayerischen Balzritual geht es darum, nicht durch die Haustür, sondern mithilfe einer Leiter vor das Kammerfenster der Angebeteten zu kommen. Wenn sie den schwindelfreien Jungmann einsteigen lässt, ist der erotische Bund besiegelt.

Bayern war im 19. Jahrhundert dafür bekannt, dass es katholisch moralisiert und doch insgeheim der vorehelichen Erotik zugeneigt ist. Das hat die Beliebtheit des urigen Südens in der Trivialliteratur ähnlich gesteigert, wie Pariser Autoren ihre Leser mit Berichten über die Blutrache auf Korsika in wohlige Schauder versetzten. Auf der Alm, wo die Sennerin melkt und der fesche Jäger zu Besuch kommt, gibt es keine Sünde. Der Weg durchs Fenster vermeidet die Begegnung mit den Eltern der Braut, die solche Annäherungen erst in der Hochzeitsnacht erlauben würden.

Die Sportstudenten garnierten also einen Hindernisparcours mit Leitertragen und dem symbolischen Ziel des Kammerfensters der Geliebten. Um die Wette fensterln, der Schnellste ist der Sieger … »Halt!«, schrieb die Gleichstellungsbeauftragte der Universität an die Projektverantwortlichen. Sie ist dafür zuständig, darüber zu wachen, dass sich Chancengleichheit in allem abbildet, was in der Universität geschieht. Wenn Fensterln, dann müssen beide Geschlechter auf die Leiter steigen dürfen! Gleichstellungsbeauftragte haben sehr viel weniger Macht, als ihnen zugeschrieben wird. Das katholische Priesterprivileg für Männer genießt auch in Passau Bestandsschutz. Über Jahrhunderte hin war die katholische Theologie überhaupt das einzige Studium, das man in Passau abschließen konnte. Ein Wettbewerb im Fensterln an der Universität Passau wäre damals aus ganz anderen Gründen undenkbar gewesen.

In der Presse wurde aus der Gender-Kritik an einem Wettbewerb männlicher Aktivisten sogleich ein Verbot. Und plötzlich wurde die Frage diskutiert, ob Fensterln die Frau zum Objekt degradiert – diese Formulierung soll in der Diskussion zwischen einer Gleichstellungsfrau und einem Sportstudenten gefallen sein. Die Studenten wandten sich an die Öffentlichkeit, schon kamen die Helikopter geflogen.

Ein veritabler Professor für Verwaltungsrecht erklärte, ein Erlass gegen das Fensterln sei mit der bayerischen Verfassung nicht vereinbar und die Objektformel würde im Staatsrecht nur verwendet, um Folter, Sklaverei oder KZ-Haft zu bezeichnen. Wolle man in Passau etwa auch den Tango, den Minnesang und die *Carmina Burana* verbieten? Auf Facebook brach ein Shitstorm gegen die Fachfrau los. Von politischer Seite wurde gehetzt. Der Ring Christlich-Demokratischer Studenten und die Junge Union Niederbayern fanden die Gleichstellungsbeauftragte eine »Schande für unsere Heimat«, die das bayerische Lebensgefühl in den Schmutz ziehe.

Später sollte eine Podiumsdiskussion im voll besetzten Audimax der Universität Passau die Debatte versachlichen. Der Präsident der Universität, Burkhard Freitag, verteidigte seine Gleichstellungsbeauftragte. Sie habe nur ihren Job gemacht, was solle sie anderes tun? Der Shitstorm habe beide Frauen in der Gleichstellungsstelle tief getroffen: »Es ist schlimm, beide sind in Tränen aufgelöst, versuchen mit Mühe, ihre Familien zu schützen.«

Später haben bayerische Politiker versucht, Öl auf die Wogen zu gießen; Ministerpräsident Horst Seehofer fasste die bayerische Lebensart wieder einmal in die Formel »leben und leben lassen«, seine Stellvertreterin Ilse Aigner wies darauf hin, dass die Frau beim Fensterln zwar sportlich weniger gefordert, ihre Aktivität aber doch von gleichem Rang sei wie die männliche. Sie muss immerhin das Fenster aufmachen.

Viel Lärm um nichts? Es ist ein verräterischer Lärm, der zeigt, wie humorlos auf beiden Seiten die Auseinandersetzung über die Frage geführt wird, wie eine von patriarchalen Traditionen geprägte Gesellschaft mit dem von ihr selbst gewollten Kulturwandel umgeht. Männer und Frauen haben sich in vielen demokratischen Ländern dafür entschieden, dass alle Individuen gleiche Rechte haben. Dennoch ist in vielen demokratischen Staaten nach wie vor eine Eheschließung zwischen Homosexuellen nicht möglich.

Die Entwurzelung des Moralisierens hängt damit zusammen, dass auch die Möglichkeiten, miteinander zu rivalisieren, enorm angewachsen sind. Solange eine traditionelle Rollenzuschreibung funktioniert, ist die Liebesbeziehung in vorgegebenen Bahnen paradiesisch und grausam – die ältere Literatur ist voller Beispiele dafür. Sobald die Partner individualisiert sind, wachsen die Möglichkeiten der Liebe in Freiheit – und mit ihnen die Ängste vor einem Verlust, sei es dem der Selbstachtung, sei es dem des Partners. Paradies und Grausamkeit bleiben, aber ihr Gesicht verändert sich, die Möglichkeiten der Hoffnung multiplizieren sich ebenso wie die der Enttäuschung.

Wenn ich mit meinem Partner eine verschworene Wertegemeinschaft bilde, verliere ich im Krisenfall den Rückhalt von außen, den mir die Rollenzuschreibungen der Tradition bieten. Wie zäh sich die Menschen des 21. Jahrhunderts noch an diesen Halt klammern möchten, zeigt nicht nur die Attraktivität des Rückständigen in den fundamentalistischen Strömungen. Obwohl seit rund 50 Jahren das Schuldprinzip in den Scheidungsurteilen vom Zerrüttungsprinzip abgelöst wurde, suchen die Partner immer noch nach dem juristisch weitgehend bedeutungslosen Trost, dass die Schuld an der Zerrüttung nicht an ihnen liegt.

Die Unsicherheit über die Gültigkeit der Geschlechterrollen führt dazu, dass die Individuen beträchtliche Verdrängungsleistungen vollziehen müssen, um das Liebesschiff zwischen den Klippen der eigenen Wünsche, der tradierten Vorbilder und der

Abhängigkeit von Anerkennung durch den Partner zu steuern. Es ist ja nicht die Ausnahme, sondern die Regel, dass in der individualisierten Gesellschaft zu viel versprochen wird: gleiche Chancen für alle, Machbarkeit von Gesundheit und Glück durch Konsumieren.

Das Internet ist die größte Wunschmaschine – und parallel dazu auch die größte Frustrationsmaschine, welche die Menschheit jemals hatte. Möglichkeiten und mit ihnen Rivalitäten werden potenziert. 25-Jährige mit einer guten Idee zur rechten Zeit werden Multimillionäre – und Millionen andere 25-Jährige haben keine Aussicht, einen ähnlichen Treffer zu landen. Wir finden blitzschnell alles Mögliche und glauben am Ende vielleicht sogar, es sei das, was wir gesucht haben. Kein Wunder, dass es nur geringer Anreize bedarf, um einen Shitstorm zu entfesseln. Es gibt wohl kaum weniger selbstkritische und bescheidene Menschen als früher. Aber die schnell Urteilenden, die in den Extremen ihrer Entwertungen eigenen narzisstischen Gewinn suchen, mussten sich weit mehr anstrengen, um ihre Blähungen an ihr Opfer zu bringen.

In Zeiten der Wertunsicherheit und der großen Unübersichtlichkeit wird jede Gelegenheit genutzt, um sich das eigene moralische Urteil – sei es eilfertig im Dienst der politischen Korrektheit oder sei es ebenso eilfertig im Dienst einer ironischen Überlegenheit gegenüber dieser Korrektheit – zu bestätigen und narzisstische Ängste durch Demonstration der eigenen Überlegenheit oder durch Sieg in einer imaginierten Rivalität zu bändigen. Ein zweites Beispiel bietet die Erregung über eine Äußerung des Papstes.

»Einmal habe ich bei einem Treffen einen Vater sagen hören: ›Manchmal muss ich meine Kinder ein bisschen schlagen, aber nie ins Gesicht, um sie nicht zu erniedrigen.‹« Der Papst fuhr fort: »Wie schön, er [der Vater] hat Sinn für Würde. Er muss bestrafen, aber er tut es gerecht und geht dann weiter.« So sprach im Februar 2015 Papst Franziskus während einer Audienz in Rom – und schon brach in Deutschland der übliche Sturm los: »Vollkommen inakzeptabel« (die Familienministerin). »Strafbar« (die Linkspartei).

Die Grünen führten gegen das Oberhaupt der Katholiken die UN-Kinderrechtskonvention ins Feld, auf *Spiegel online* stand, wie immer besonders originell: »Der Papst hat einen Hau«. Im Internet warfen sich manche in die Brust: Der Klaps, damit das Baby zu atmen beginnt, ist der einzige Schlag, den Kinder jemals bekommen dürfen. Andere machten aus der Anekdote eine Vorschrift – ihr dürft Kinder schlagen, solange ihr deren Würde respektiert. Prompt kamen Antworten: Alle Schläge zerstören die Würde!

Der Lehrer, der Kinder mit dem Rohrstock haut, wenn sie das kleine Einmaleins nicht aufsagen können, der Internatserzieher, der sadistische Rituale pädagogisch verbrämt, die Eltern, die jede Kränkung ihrer Erwartungen mit Körperstrafen quittieren – das sind Abscheulichkeiten, gegen die ein zivilisierter Staat vorgehen muss. Aber leider verschwindet durch ein solches Verbot der Sadismus nicht aus den Beziehungen zwischen Lehrern und Schülern, zwischen Eltern und Kindern. Er geht nur subtilere Wege. Sein häufigstes Werkzeug ist die Entwertung des Kindes, der kalte Rückzug, das Desinteresse: »Schau doch, wo du bleibst!« Wenn Kinder wählen könnten zwischen diesem kalten Rückzug, dem Alleingelassenwerden, der Entwertung ihrer Existenz – wer weiß, wie viele lieber Schläge hätten und danach eine Versöhnung?

Was da im einzelnen Fall wirklich das kleinere Übel wäre, weiß niemand, auch nicht der Papst. Der Analytiker jedenfalls hört regelmäßig von solchen Wünschen nach diesem kleineren Übel, wenn ihm seelisch belastete Personen aus ihrer Kindheit berichten. Er weiß dann aber nicht einmal genau, ob tatsächlich die Körperstrafe das Kind entlastet hätte. Er hört nur Geschichten und entwickelt Verständnis für den Papst, der eine solche Geschichte erzählt und es den Hörern überlassen hat, Folgerungen aus ihr abzuleiten.

Der Vater als starke Figur, die auf die Würde der Familienmitglieder achtet und Aggressionen notfalls durch eigene Aggression ordnet, ist nach den analytischen Erfahrungen auf jeden Fall eine Figur, die gegenwärtig in vielen belasteten Familien fehlt. Ihm das Züchtigungsrecht aus der Hand zu nehmen, ist ein wichtiger Schritt auf dem Weg zu einer Gesellschaft, welche die Rechte aller Kreaturen respektiert. Aber dieser Schritt ergibt nur als Teil eines Entwicklungs- und Reifungsprozesses Sinn, der die Würde aller Beteiligten respektiert. Und leider fehlt in vielen Gebieten der Erde gegenwärtig dieser Reifungsprozess. Dann schwindet die Überzeugungskraft, die dieser Prozess in Europa entfalten konnte.

Das Patriarchat hüllt sich in den Mantel der unanfechtbaren Tradition, die gekränkten Männer sammeln sich um Prediger, die fordern, wieder nach der Scharia zu leben. In Nord-Nigeria hat die Sekte Boko Haram, die sich gezielt gegen das westliche Bildungssystem richtet, großen Zulauf gewonnen. In Afghanistan kämpfen die Taliban gegen Mädchenschulen; in Syrien und im Irak werden für selbstverständlich gehaltene Schritte hin zu einer Zivilgesellschaft von einem islamischen Staat ebenso rückgängig gemacht wie bereits 1979 im Iran.

In der Helikoptermoral gibt es nur verbrecherische Befürworter der Prügelstrafe und die billige Tugend guter Elternschaft – auf dem Papier. Besonders kostbar ist der moralische Triumph über eine moralische Autorität. So billig war die Überzeugung, auf der Seite des Fortschritts zu stehen, selten zu haben. Das Dilemma der Aggressionsverarbeitung in einer zivilisierten Welt gerät völlig aus dem Blick. Wer seine moralische Überlegenheit aus der schlichten Tatsache beziehen möchte, dass er seine Kinder nicht schlägt, braucht einen Popanz.

Lynchjustiz im Internet

Die sogenannten »sozialen Medien« im Internet bieten sich an, um ethische Fragen in einer virtuellen Lynchjustiz zu behandeln.

Ein 23-jähriger Student, der mit einem Stipendium an der Columbia-Universität Architektur studiert, verklagte jüngst die Universität, weil sie ihn nicht gegen die von einer Mitstudentin geäußerten Vorwürfe, sie vergewaltigt zu haben, verteidigt hat. Sie habe im Gegenteil die Urheberin der falschen Anklage unterstützt.

Er war 2011 einer Kommilitonin begegnet, mit der sich ein sexuelles Verhältnis entspann. Sein Anwalt legte dem Gericht eine Mail der späteren Anklägerin vor, in der sie ihn zum analen Verkehr auffordert. Es kam auch zu Sex, aber bald verlor der junge Mann das Interesse, obwohl seine Ex-Freundin weitere E-Mails mit Liebesbekundungen und einem Geburtstagsgruß schickte.

Als der Student nicht reagierte, zeigte sie ihn sieben Monate nach dem letzten Sex beim »Büro für geschlechtsbasiertes Fehlverhalten« der Universität an. Er habe sie gewürgt, geschlagen, festgehalten und trotz ihrer Schreie »anal penetriert«. Beweise oder Ohrenzeugen gab es nicht. Das Büro fand den Studenten nach einer Anhörung beider »nicht verantwortlich« für einen »nicht einvernehmlichen Geschlechtsverkehr«; Polizei und Staatsanwaltschaft sahen keinen hinreichenden Verdacht.

Die Studentin schleppt seit September 2014 eine Matratze über den Campus, Symbol der von ihr behaupteten Vergewaltigung. Dieses Ritual wurde von ihren Professorinnen als »Kunstprojekt« und Abschlussarbeit ihres Studiums anerkannt. Es fand große mediale Aufmerksamkeit. Sie will es so lange fortsetzen, bis der Beschuldigte die Universität verlässt.

Dieser will bleiben, seinen Abschluss machen und Arbeit in den USA finden. Ob er nach der Hexenjagd einen Job bekommt, ist unklar. Der Student klagt in einem Interview, er wage sich nicht mehr in die Bibliothek, habe alle Freunde verloren, Morddrohungen und Aufforderungen zum Selbstmord aus den sozialen Medien erhalten, die seine Ex-Freundin auf Facebook zum Teil auch noch »geliked« hat.

Beide, »Täter« und »Opfer«, haben eine Vorgeschichte als Eliteschüler und besonders ehrgeizige Studenten. Beide fühlen sich absolut im Recht, beide sind überzeugt, das Opfer des Gegenübers zu sein, beide finden ihre Parteigänger, die Helikopter schwirren und machen Lärm.

In der Helikoptermoral werden nicht Taten verfolgt, sondern Deutungen. Das zeigt sich gerade in den Widersprüchen um ein Geschehen wie diesem. Je weniger Beweise vorliegen, desto intensiver wird um Aufmerksamkeit für die eigene Opferrolle geworben. Sie wird symbolisch überhöht, wie in dem Kunstprojekt der Studentin, oder sozial inszeniert.

Eine zunächst noch gemeinsame Wahrheit zerfällt schrittweise und verwandelt sich am Ende in ihr Gegenteil. Eine oder auch beide Parteien deuten das Geschehen in Begriffen einer eigenen, einseitigen »Wahrheit«.

Die Beteiligten an solchen Prozessen kehren zu einer ganz speziellen Form des Gesinnungsstrafrechtes zurück, die man als Besinnungsjustiz charakterisieren kann. Nach längerem Nachdenken und zusätzlichen Informationen wird die bisherige Rücksicht und Teilempathie in den nun sich konstruierenden Täter annulliert. Der anfangs freundschaftliche, kooperative Umgangston, der gegenüber einem brutalen Vergewaltiger merkwürdig erscheint, wird auf konventionelle Höflichkeit zurückgeführt, auf eine Fassade, die durch Unsicherheit über das Geschehene noch eine Weile aufrechterhalten werden musste. »Ich brauchte meine Zeit, um herauszufinden, was wirklich geschehen war«, sagt das nun sich selbst konstruierende Opfer.

Dieses Verhalten arbeitet den Verleugnungen und Rechtfertigungen des Täters in die Hand, der nun beginnt, eine eigene Opferrolle zu konstruieren, in der die Frage völlig verstummt, was sein eigener Anteil gewesen ist.

Hier beginnt eine Entwicklung, in der die moralische Regelung genau durch das Bestreben unberechenbar wird, sie verlässlicher zu machen. Die Maßnahmen amerikanischer Universitätsverwaltungen zeigen, dass inzwischen die Regulierung der Erotik durch Lust schwindet und an ihre Stelle narzisstische Fantasien von Aufwertung, Eroberung und Missbrauch treten.

In der Helikoptermoral übertrumpft die narzisstische Aufwertung, besser zu sein als die Person, über die sie sich erhebt, jede Verhältnismäßigkeit und oft auch die Interessen der Beteiligten.

5 / Das kleinere Übel

Oft klagen Paare in Zeiten der Helikoptermoral darüber, dass sie sich aus »nichtigem« Anlass streiten und danach viele Tage mit der Rivalität quälen, wer jetzt den ersten Schritt zur Versöhnung tut. Wenn sich dann einer diesen Schritt abringt, kann es geschehen, dass der nächste Streit nach dem Muster beginnt: »Immer muss ich zu Kreuze kriechen, damit unsere Beziehung weitergeht. Du tust gar nichts!«

Wenn das Paar in eine nachdenkliche Stimmung gekommen ist, besteht immerhin die Möglichkeit, dass nicht erneut gestritten wird, wer nun öfter die beleidigte Wurst spielt und wer nun die »wirklich« oder »objektiv« schlimmeren Liebesverstöße beging. Dann kann es geschehen, dass einer der beiden sagt: »Ich würde mich ja gerne versöhnen, ich würde gerne auf dich zugehen und alles vergessen – aber ich kann das einfach nicht. Ich bin dann völlig blockiert, habe Watte im Kopf, möchte nur noch allein sein.«

Können wir solche Erlebnisse mit dem sogenannten »Totstellreflex« vieler Tiere vergleichen, sie vielleicht auch so verstehen, dass sich in diesen Fällen die primären Affekte von Wut/Angriff und Angst/Flucht gegenseitig neutralisieren? Die Betroffenen wollen jedenfalls nicht mehr kämpfen, sie wollen auch nicht die Beziehung ganz und gar aufkündigen und ihren Koffer packen, aber sie können auch nicht sagen: »Vertragen wir uns wieder, Schwamm drüber« – und so in die Normalität zurückfinden.

Ich habe gezögert, dieses Erleben mit dem instinktiven Totstellen zu verknüpfen, weil es doch auch kulturell motiviert erscheint. Es geht um Scham und Ehre. In den modernen Demokratien wird »Ehre«versachlicht und den Bürgern abverlangt, »Ehrverletzungen« genau zu definieren und auf Rache zu verzichten. Diese Auffassung durchzusetzen, war ein langer Prozess. Der ärgste Rückschlag war zweifellos die Gesetzgebung der Nationalsozialisten im Jahr 1934, als »zum Schutz der deutschen Ehre« jüdische Mitbürger ausgegrenzt wurden.[22]

Psychologisch basiert das Erleben der Ehre auf der adoleszenten Größen- und Autonomiefantasie: *Niemand darf mich ungestraft verletzen!*[23] Stolz und Ehre sind eng verwandte Phänomene; mit dem Affekt des Stolzes beschreiben wir vor allem die Fantasie, bisher und in alle Zukunft die Ehre des eigenen Standes und der eigenen Persönlichkeit gegen Angriffe verteidigt zu haben. Der Stolz schützt und verteidigt das Selbstgefühl. Wenn ich stolz darauf bin, die Rolle des Liebenden untadelig zu spielen, kränkt jeder Nachweis, dass dem nicht so ist, auch meinen Stolz. Was den eigenen Vorstellungen von der »richtigen Liebe« widerspricht, muss bekämpft werden.

In einer Patchwork-Familie ist ein Konflikt ausgebrochen, der sich so schwer eindämmen lässt, dass die Partner Hilfe suchen. Beide sind am Rand ihrer Kräfte. Der leibliche Sohn des Ehemanns fühlt sich in der Rivalität mit dem Sohn der Ehefrau unterlegen, versagt in der Schule, versinkt in Videospielen, stellt Ansprüche über Ansprüche. Der Vater verwöhnt den Jungen (sagt die Ehefrau) oder will ihn nicht spüren lassen, dass er enttäuscht von ihm ist (sagt der Vater). Die Auseinandersetzungen werden sehr heftig geführt, beide Partner schreien sich an. Die Ehefrau reißt ihren Mann nach Mitternacht aus seinem Schlaf, um die Angelegenheit auszudiskutieren. In der therapeutischen Sitzung sieht sie bald ein, dass dieses Verhalten kontraproduktiv ist, da ihr Mann unter diesem Druck noch weniger zur Einsicht fähig ist. Sie beschließt, ihn künftig in Ruhe zu lassen. In der nächsten Sitzung stellt sich heraus, dass die nächtlichen Verfolgungen nicht aufgehört haben. Jetzt gesteht die Ehefrau, dass sie unter dem Versuch, ihren Mann schlafen zu lassen, von unerträglichen Spannungen heimgesucht worden sei. Es erscheine ihr unzumutbar, stehen zu lassen, was er gesagt habe; sie müsse das sofort korrigieren und empfinde auch seine Fähigkeit, angesichts ihrer dramatischen Unruhe zu schlafen, als heftige Aggression, es sei, als tue er ihr Gewalt an, missbrauche sie, zwinge sie dazu, sich selbst aufzugeben und sich ihm zu unterwerfen.

Wenn ich an ein Gegenüber die Erwartung richte, es müsse mich »verstehen« und dürfe mich auf gar keinen Fall »enttäuschen«, überschreite ich die Grenze, die sonst Personen trennt und Unterschiede wahrnehmbar macht. In der Welt des magischen Denkens verletzt die Differenz zum Liebesobjekt meine Sphäre, *mir wird Gewalt angetan* und ich habe das Recht, mit gleicher Gewalt zu antworten.

Wenn nicht mit allen Mitteln um die Reparatur der symbiotischen Erwartung gekämpft wird, geht ein noch unfertiger, labiler Kern des Selbstgefühls verloren. Allerdings weckt die geängstigte Ehefrau nicht nur ihren Mann, sondern auch dessen Ängste, die er damit rationalisiert, er bekomme auf diese Weise nicht genügend Schlaf und sei deshalb den Aufgaben des folgenden Tages nicht gewachsen. Um sein Selbst zu schützen, beginnt er, ihres zu attackieren. So findet jeder im Verhalten des Gegenübers das Motiv für die eigene Angst.

Ein Kind, das fürchtet, seine Mutter zu verlieren, richtet alle Energie darauf, die Mutter zu finden. Das Kind wird sich in diesem Zustand nicht sagen: Morgen ist wieder ein Tag, ich entspanne mich jetzt, lasse mir eine Mahlzeit schmecken, erhole mich, damit ich am nächsten Tag besser suchen kann. Die Fähigkeit, das Ziel loszulassen, um am nächsten Tag weiterzuarbeiten, ist ein wichtiges Zeichen seelischer Reife. In den anderen Fällen gilt das eingangs zitierte Motto nach Mark Twain: »Sobald wir das Ziel aus den Augen verloren haben, verdoppeln wir unsere Anstrengungen.«

Reife ist ein Prozess, kein Zustand. Die zentrale Qualität dieses Prozesses ist die Integration der kindlichen, symbiotischen, unersättlichen, perfektionistischen Komponenten des Selbstgefühls. Ohne diese ist das Ich leer; von ihnen überwältigt, kann es seine Aufgaben nicht erfüllen. Das Ideal der Reife gewinnt umso mehr infantile Züge, je perfektionistischer es sich gegenüber allen Unvollkommenheiten abgrenzt. Die Ethik Kants ist ein gutes Beispiel für dieses kindlich Erhabene und erhaben Kindliche.

Angst mobilisiert alle Kräfte des Organismus, um ihn möglichst schnell in Sicherheit zu bringen. Unter den Lebensbedingungen der Steppe war es in der Regel möglich, die durch eine ängstliche Erregung aufgebaute Spannung durch körperliche Aktivität abzubauen. In der Zivilisation herrschen Angstsituationen vor, die weder Flucht noch Kampf im physischen Sinn erlauben.

Dadurch entsteht ein neues Angstmuster: die Angst vor der Angst. Genauer: die Angst vor dem Schmerz einer Angstreaktion, die, nicht abreagiert, in Handlung umgesetzt werden kann. Sie kann eine Art Automatismus in Gang setzen, in dem sich die Angst zur gestaltlosen Panik steigert, weil die Angstreaktion Ängste auslöst und die ängstliche Beobachtung dieser Eskalation das Ich an dieses Thema fixiert.

Das menschliche Ich kann Angst verarbeiten. Je besser es während der Kindheit darauf vorbereitet wurde, desto wahrscheinlicher wird es diese Aufgabe im erwachsenen Leben bewältigen. In modernen Liebesbeziehungen gewinnt die Angstbewältigung eine völlig neue Qualität. Die moderne Ehe wird weniger durch sozialen Druck gefestigt als durch die persönliche Bindung der Partner aneinander. Diese setzt voraus, dass die Partner sich gegenseitig in der Verarbeitung von Ängsten unterstützen und gleichzeitig erkennen, dass sie auch Angst voreinander haben und lernen müssen, über diese Ängste zu kommunizieren.

Um das zu leisten, ist Abstand von der primitiven Angstreaktion nötig, welche Gefahren nach außen verlegt und sich der Einsicht verweigert, dass ich – auch wenn ich selbst Angst habe und aus meiner Angst heraus agiere – einem Gegenüber Angst mache und so unter Umständen dessen mich ängstigendes Verhalten heraufbeschwöre.

Jede Einbuße an Verliebtheit, Symbiose und Idealisierung löst unbewusste Ängste aus. Die dann einsetzende Kampf-Flucht-Reaktion kann gemäßigt und bewältigt werden, wenn es gelingt, Ängste in den Dialog der Partner aufzunehmen und gemeinsam zu verarbeiten. Diese Übersetzung von nur teilweise bewussten Kampf-Flucht-Reaktionen in eine Auseinandersetzung mit Verlustängsten ist die zentrale Aufgabe der Paaranalyse.

Solange ein Partner allein »schuld an allen Problemen ist«, solange er dafür verantwortlich gemacht wird, dass er nicht als Stütze eines primitiven, zwischen (Selbst-)Idealisierung und (Selbst-)Entwertung schwankenden Narzissmus funktioniert, droht der Dialog zwischen den Partnern abzureißen.

Die Aufgaben, die sich modernen Paaren stellen, gleichen denen der Konsumgesellschaft: Auf der einen Seite ein verführerisches Angebot, auf der anderen Seite die Gefahr der Erschöpfung der Rohstoffe und ein wachsender Druck, persönliche Entscheidungen zu treffen, selbst »richtig« und »falsch« abzuwägen, da die allgemein verbindliche Norm von außen fehlt. Das verführerische Angebot ist der Liebespartner, der ganz für mich da ist, mich da stützt, wo ich schwach bin, der »mich versteht« und überallhin begleitet. Die Erschöpfung wurzelt in dem Chaos, wenn sich zwei solche Erwartungen begegnen, wenn sozusagen zwei Babys gleichzeitig schreien, weil jedes hofft, durch dieses Geschrei sein Gegenüber in die gute Mutter zu verwandeln.

Die Partner können nicht mehr darauf vertrauen, dass »Liebe« ihr Binnenverhältnis regelt und im Übrigen kulturelle Normen die Männer- wie die Frauenrolle stabilisieren. Ein Teil dieser Rollenfestigung, die stets auch Ritualentwicklung ist, wird in der Liebesbeziehung geregelt; hier ist gerade die Bewältigung von Ängsten eine wesentliche Aufgabe. Die Helikoptermoral in Liebe und Partnerschaft dramatisiert Versuche, den Partner in eine Rolle zu manipulieren, welche eigene Ängste löscht. Dadurch können diese Ängste verleugnet bleiben – nicht der moralisierende Partner ist ängstlich, das Gegenüber ist »nicht richtig« oder »macht alles falsch«.

Angstbewältigung in der Liebe

Eine Mutter will die Wohnung verlassen, um einen Termin wahrzunehmen. Ihr dreijähriger Sohn will mitkommen. Die Mutter hat den Babysitter organisiert, den das Kind schon kennt. Der Dreijährige reagiert auf den Bruch seiner Erwartung mit einem Wutanfall. Die Mutter darf nicht gehen! Nie und nimmer!

Wenn die Mutter dem herzzerreißenden Weinen und Wüten trotzt und geht, wird sich das Kind in der Regel schnell beruhigen. Der Wutanfall und die Inszenierung totaler Verlassenheit werden dann als Rollenspiel aufgefasst, als semantische Geste. Durch den Entschluss der Mutter, die Drohung nicht ernst zu nehmen, hat sie einen Entwicklungsimpuls in die Symbiose gebracht. Dem Kind darf eine Trennung zugemutet werden; die Erwachsenen erzwingen im Kind die Unterscheidung zwischen Drohung und realer Gefahr, zwischen Trennung und Verlust.

Wenn sich die Mutter dem Kind fügt und bleibt, weil sie dessen Weinen nicht erträgt und ihm den Babysitter nur zumuten will, wenn das Kind diesen annimmt, wird sich das Kind schneller beruhigen. Es hat aber auch die Erfahrung gemacht, dass es die eigene Angst nicht ohne die Anwesenheit der Mutter beherrschen und überwinden kann. Wahrscheinlich wird die Mutter das Kind spüren lassen, das es »böse« war, sie nicht gehen zu lassen. Die Mutter hat Angst vor den Drohungen des Kindes; das Kind identifiziert sich mit einer ängstlichen Mutter und wird dadurch selbst unsicher. Es wird durch die physische Präsenz der Mutter scheinbar getröstet, durch deren inneren Rückzug und stummen Vorwurf aber unsicher gemacht. Womöglich wird es beim nächsten Versuch einer Trennung noch untröstlicher reagieren.

In allen intensiven und daher von symbiotischen Elementen mitgeprägten Beziehungen spielt die Einsicht in semantische Gesten wie die Drohung eine zentrale Rolle, um quasi die Wachstumsschicht zu finden, in der die Beziehung reifen kann. Es ist dies die Zone der konstruktiven Qual; sie gleicht jenem Bereich, in dem ein Sportler noch produktiv üben kann, obwohl Empfindungen von Schmerz und Müdigkeit auftreten. Überschreitet er diesen Bereich, schadet ihm die Übung; sucht er ihn gar nicht auf, wird er seine Leistung wenig steigern.

Eine selbstbewusste, zuversichtliche Mutter wird es leichter haben, Drohungen ihres Kindes zu ignorieren und sich ihm nach der Verarbeitung einer solchen Szene wieder stärkend zuzuwenden. Eine ängstliche, nach Bestätigung hungernde und in ihrer Selbstbestätigung geschwächte Mutter wird sich an das Kind klammern und die kleine Disharmonie vermeiden wollen. Sie kann sich nicht entscheiden und die Führung übernehmen. So wird sie dem Kind Vorwürfe machen und in ihm Schuldgefühle wecken. »Du bist schuld, dass Mama so traurig ist, weil sie ihre Arbeit verloren hat!«

Noch schwerer wiegen die Folgen, wenn das Kind von der Mutter in seiner Angst ignoriert, kritisiert, ja geschlagen, beschimpft oder auf andere Weise bedroht wird. Dann wird eine Angst durch eine größere neutralisiert und die Angstverarbeitung und mit ihr die Beziehungsfähigkeit insgesamt geschwächt. Es bleibt dem Kind nur der Weg in die Verdrängung und Verleugnung der Angstreaktion; es kann nicht üben, seine Ängste zu fühlen und sich durch den Dialog mit einem Liebesobjekt Erleichterung zu verschaffen.

Die Szene von Mutter und Kind bietet sich als klärendes Modell an. Aber die klare Teilung dieser Rollen ist zwischen Erwachsenen unmöglich. Der Dreijährige hat vielleicht die Absicht, aber nicht die Körperkraft, Mama am Weggehen zu hindern. Ein Ehepartner im emotionalen Zustand dieses Dreijährigen ist eines der gefährlichsten Geschöpfe auf Erden.

Wo solche Kämpfe bis zum Letzten ausgefochten werden, ist die Suche nach dem kleineren Übel nicht mehr möglich. Diese Suche hängt damit zusammen, dass in einem (noch) nicht von einer Primitivreaktion völlig überforderten System diese Gefahr vorweggenommen und über geeignete Strategien zu ihrer Kontrolle verhandelt wird.

Während die erlebte Angst vor Gefahren warnt und das bewusste Ich auffordert, zu prüfen, wie realistisch die Gefahr ist, verleugnen Partner mit einer traumatischen Geschichte ihrer Angstbewältigung eigene Ängste. Ihr Selbstgefühl ist defensiv; es beruht auf wackligen Selbstidealisierungen, auf einer manischen Abwehr von Furcht und Schwäche. Sie verteidigen ohne Einsicht und Empathie ihre Auffassung der Beziehung, indem sie den Partner und dessen Fehlverhalten entwerten. Sie können nicht aufhören, anzuklagen und die Schuld an ihrem unsicheren, qualvollen Zustand beim Du zu suchen. Sie erinnern in ihrer Unnachgiebigkeit an Kreuzritter und führen in der Tat eine Art Heiligen Krieg nach dem Motto: dem Besiegten keine Gnade, dem Sieger keine Beute.

Wie wichtig das von Empathie begleitete Erleben eigener Ängste ist, zeigt bereits das Beispiel von der Mutter des Dreijährigen. Sie prüft ihre Angst, die Liebe des Kindes zu verlieren oder diesem zu schaden; sie prüft, ob das Wohl des Kindes wirklich gefährdet ist, und sie entscheidet sich für das kleinere Übel.

Je ausgeprägter eine Beziehung anfangs idealisiert wurde, desto gefährlicher werden selbst kleine Mängel in der Übereinstimmung. Sie lösen kein regulierbares Angsterleben aus, das gemeinsam bewältigt wird, sondern einen aggressiven Impuls, den Partner zu zwingen, das Verhalten aufzugeben, das als Bedrohung der Symbiose erlebt wird.

Der häufigste Anlass für ein Paar, therapeutische Hilfe zu suchen, ist die in Selbstgefühlsschwächen wurzelnde Unfähigkeit, bedrohliche Konflikte rechtzeitig zu erkennen und einem moralisierenden, beide Seiten erschöpfenden Streit auszuweichen. Die Partner leiden unter der quälenden Genauigkeit des von einer Angststimmung unterlegten Umweltbezugs. Sie lässt kleine Probleme zur Mauer wachsen, die den Austausch von Liebe und Anerkennung blockiert. Über der Anklage, das Gegenüber sei überempfindlich, nicht belastbar und reagiere auf ganz harmlose Feststellungen, als seien es heftigste Angriffe, wird die eigene Kränkbarkeit ebenso ignoriert wie die Angst, welche die Unzufriedenheit des Partners auslöst.

Solche Personen werden in aufklärenden Texten zur Lebens- und Liebeshilfe in erster Linie Material für ihr Urteil über das Fehlverhaltens ihres Partners finden. Dieser wird kaum einsichtig und wohlwollend reagieren, wenn ihm vorgeschlagen wird, über seine narzisstische Störung, seine Gefühlsabwehr oder seine Arbeitssucht nachzudenken. »Wenn dir was an unserer Beziehung läge, würdest du auch solche Bücher lesen!«

Je mehr Ängste eine Person abwehren muss, desto mehr wächst auch die Sehnsucht nach einem angstfreien Zustand. Er wird als Paradies erlebt, das einmal da war und eigentlich, wenn das Liebesversprechen nur eingehalten würde, auch sofort wieder da wäre. Es gibt wenig, was Perfektionisten der Liebe *nicht* in Vorwürfe ummünzen können. Sie werfen dem Partner Übergewicht oder Untergewicht, Verschwendung oder Sparsamkeit,

Eitelkeit oder Graumäusetum, Humorlosigkeit oder Unernst vor. Sie kritisieren den Mangel an Zärtlichkeit, das Ungeschick beim Küssen, die Unfähigkeit, sich in der Erotik »spürbar« zu machen, verführerisch zu sein, einen ausdrucksvollen Orgasmus zu haben oder zu spenden.

Wer Humor hat, macht einen Scherz und redet nicht über Humorlosigkeit, wer Zärtlichkeit haben will, fängt damit an und beklagt nicht ihren Mangel, wer sich der erotischen Erregung hingibt, kann die des Partners nicht mehr zensieren. Die Streitigkeiten um solche Themen steigern sich, weil die beteiligten Ängste weder bewusst sind, noch das Paar Strategien finden kann, nach dem kleineren Übel zu suchen. Jeder fürchtet, als Partner zu versagen, nimmt aber diese Furcht nicht wahr, sondern nur den Partner, der die Lösung erschwert, die Liebe verrät und das große Übel ist, das am großen Gut der eigenen Liebeserwartung nagt.

Wenn die Helikoptermoral die Suche nach dem kleineren Übel derart behindert, liegt das auch daran, dass diese Suche einer langsamen Lösung entspricht, in der Vorteile und Nachteile einer Aktion abgewogen werden. Die Angst, »schlecht« zu sein, zu versagen, beflügelt schnelle Reaktionen. In diesen wird ein Ausweg gesucht, ein sicherer Ort, es geht um Geltung, um Bestätigung des eigenen Wertes, der bedroht erscheint.

6 / Schnelle Urteile

Unter den Kriegern vor Troja war Achill der ruhmreichste, weil er der flinkste Läufer war. Ein Wettrennen ist das einfachste Modell, körperliche Tüchtigkeit zu vergleichen. In Kämpfen um olympisches Gold trägt der Sprint den Glanz griechischer Athleten in die Moderne. In Zeiten der Helikoptermoral wuchert der Wunsch nach Schnelligkeit in Bereiche, in denen er mehr schadet als nützt. Manchmal hören wir den Spruch: Es fressen nicht die Guten die Schlechten, sondern die Schnellen die Langsamen.

Solange die Läufer nicht dopen, ist der Sprint eine ehrliche Sache, in der Körperkraft und Trainingsfleiß belohnt werden. Sobald es aber darum geht, wer schneller Beifall für seine Meinung bekommt, sind die Folgen desaströs.

Ich erinnere mich an einen Jugendamtsleiter, der sich in einer Talkrunde müht, die Schwierigkeiten seiner Arbeit darzustellen. Tut er nichts, heißt es, er sei schuld, wenn ein vernachlässigtes Kind leidet. Greift er ein, ist er schnell der gefühlskalte Bürokrat, der aus nichtigem Anlass Familien zerstört. Man hört ihm ungeduldig zu.

Endlich erlöst ein Schauspieler das Publikum. Er war einmal im Kinderheim, ist folglich Experte und unterbricht den Sozialpädagogen mit dem Hinweis, es dürfe einfach nicht vorkommen, dass in Deutschland ein Baby verdurstet! Heftiger Beifall; der Amtsleiter verstummt.

Viele Menschen sondern Urteile ab wie ein Rüde seinen Urin. In der Tat sind beide Aktionen verwandt: Reviere werden markiert, um einen sicheren Raum zu gewinnen. Der Hund setzt Duftmarken, um die Marken anderer Hunde zu löschen. Sein Eifer wurzelt im Risiko, nicht genug Hundedamen von seinem Wert für ihre Fortpflanzung überzeugen zu können.

Wer seine Werte nach außen trägt, hofft auf Aufmerksamkeit und Anerkennung für seinen Eifer. Er dokumentiert seine Einsicht in das Wahre und Gute. Er trägt bei zur Besserung der Welt. Werturteile, blitzschnell und radikal, sind typisch für Rassismus: Fremdes verunsichert, es muss erkannt, bewertet, ausgegrenzt werden.

In einer Talkshow fiel eine Schnellwerterin den anderen ins Wort. Wir sitzen hier und reden, sagte sie. Und während wir reden, sterben Menschen! Tief empfundener Vorwurf in der Stimme, als sei sie die Einzige, die etwas tut, während die anderen nur sitzen und – reden. Die schnell wertende Rede befriedigt den eigenen Narzissmus auf eine Weise, die schon das Märchen vom Wundersäbel kennt. Wer ihn schwingt und sagt: »Alle Köpfe runter, nur meiner nicht!« – der steht im Nu als Einziger aufrecht unter Enthaupteten.

Sich selbst und andere zu verstehen, dauert eine gewisse Zeit. Wer sie sich nimmt, muss erst die Angst überwinden, dass die eigene Wert- und Wortsphäre verkleinert werden könnte, dass eine fremde Duftmarke ebenso stark ist wie die eigene. Die Sorge, hier den Kürzeren zu ziehen, ist vielfach mächtiger als die Furcht, taktlos zu sein oder Banalitäten von sich zu geben, derer man sich bei klarem Nachdenken schämen müsste.

Es ist nicht ganz richtig, von einer *Emotionalisierung* in Politik und Wirtschaft zu sprechen, die sich beispielsweise in der großen Zahl von Wechselwählern oder im ökonomisch nicht verständlichen Auf und Ab von Währungen und Aktienkursen ausdrücke. In allem Denken, auch im gründlichen und entsprechend langsamen, spielen Emotionen eine Rolle. Es geht bei den schnellen Urteilen um die Bewältigung der schnellen Affekte von Angst und Wut. Ihnen entsprechen plakative Aussagen über Richtig und Falsch, über die sichere Zuflucht, welche ein für alle Mal von dem Übel befreit, über den bösen Feind, den es aus dem Feld zu schlagen gilt.

Das führt dazu, dass sich Politiker verhalten wie ein Arzt, der jeden Patienten auf die Intensivstation bringen lässt. Überall wird mit höchster Intensität reagiert, technisch wie moralisch. Wenn wir das lebensnahe »gut genug« und das lebensferne »perfekt« einander gegenüberstellen – wo wird nicht Energie vergeudet, um jeden Schein der Unvollkommenheit abzuwehren?

Politiker und Bürger sind in einen narzisstischen Teufelskreis geraten. Je mehr die Politiker durch Hyperaktivität und Medienrummel um Aufmerksamkeit kämpfen, desto weniger interessieren sich die Bürger noch für ihre als winzig und bedeutungslos erlebten Möglichkeiten an demokratischer Teilhabe.

In einem Flugzeug, das von München nach Istanbul gestartet ist, dreht im Sommer 2004 ein junger Mann durch. Er behauptet, er habe eine Bombe mitgebracht, die er mit seinem Handy zünden könne, der Pilot solle nach Hamburg fliegen, damit er dort seine Frau treffen kann, die ihn verlassen hat. Der Pilot verständigt die Polizei, kehrt um und landet wieder in München.

Hundertschaften rücken an. Sie umstellen die Maschine. Der bayerische Innenminister lässt sich zum Flughafen fahren, um den Polizeieinsatz zu »leiten«. Über Autotelefon ruft er den deutschen Innenminister an. Sicherheitshalber – der »Terrorist« könnte ja die Maschine auf ein Atomkraftwerk stürzen lassen – steigen bewaffnete Jets der Bundeswehr auf. Währenddessen hat der verwirrte junge Mann die Tür des Flugzeugs geöffnet, um mit den Polizisten zu verhandeln. Er will erreichen, dass seine Frau zu ihm kommt, die sich von ihm getrennt hat.

Ein junger Türke im Flugzeug, dem ein Döner-Imbiss im Flughafengebäude gehört, erkennt zwischen Blaulicht und Scharfschützen den wahren Ernst der Lage. Er verpasst dem Täter einen Tritt in den tiefen Rücken. Dieser fällt aus dem Flugzeug drei Meter tief auf Zement, bricht sich ein Bein und lässt sich widerstandslos festnehmen. Obwohl er jetzt zugibt, dass seine Drohung »Spaß« war, lässt der Innenminister alle Fluggäste bis zum Abend warten. Der Airbus muss mit Sprengstoffspürhunden durchsucht werden, ob nicht doch eine Bombe versteckt ist.

Der übereifrige Alarm ist eine Vorstufe der Helikoptermoral und eines der zentralen Rituale der Konsumgesellschaft. Wir finden ihn nicht nur in der Terrorabwehr, sondern auch beim TÜV – es könnte ja sein, dass die Sicht des Fahrers durch den winzigen Sprung in der Windschutzscheibe … Für die Betroffenen mehr als nur ärgerlich ist der Alarmismus in der Medizin. Der Arzt entdeckt einen winzigen Schatten. Schon alarmiert er den Patienten, der sich bisher gesund fühlte, über eine schreckliche Gefahr. Es sei ja erst einmal nur ein Verdacht, aber weitere Untersuchungen seien dringend erforderlich.

Der in der Folge betriebene Aufwand mit Verdacht und Diagnose hat etwas von dem billigen Vergnügen, das Freud im *Un-*

behagen in der Kultur erwähnt. Es besteht darin, in kalter Nacht ein Bein unter der Decke hervorzustrecken und es dann in die wohlige Wärme zurückzuziehen. Dem Arzt macht der Verdacht keine Angst, er steigert nur seine Bedeutung und wird deshalb freudig geteilt. Den Patienten erschüttert die noch nicht bestätigte Diagnose, als sei sie schon gültig. Der Arzt produziert Angst und kann durch die genauere Untersuchung von dieser Angst erlösen. Der von seinem Schrecken befreite Patient ist dankbar.

Die globalisierte Konsumgesellschaft plagen chronische Ängste. Sie verschwendet mehr als nachwächst, sie weckt den Neid der Habenichtse und den Terror der Gekränkten. Diese Ängste münden in Hyperaktivität, sei es des Übereifers, sei es der unverhältnismäßigen Reaktion auf konstruierte Gefahren.

Die dekontextualisierte Bewertung prägt die »große« Politik. Als im Juni 2015 der Wirtschaftsgipfel in der Elmau bei Garmisch stattfand, kamen dort auf jeden Demonstranten zehn Polizisten. Der Einsatz kostete etwa 600 Millionen Euro, für den bayerischen Innenminister war die Aktion ein voller Erfolg. Über Ängste wurde so wenig gesprochen wie über die Langeweile der Gipfel-Inszenierung – weißhäuptige Staatsmänner auf grüner Wiese vor schneebedeckten Gipfeln.

Dem italienischen Dichter Manzoni[24] zufolge rechnet die enttäuschte Erwartung gnadenlos mit den Menschen ab, die sie ohne deren Zutun zum Gegenstand ihres Interesses gemacht hat. Wie das funktioniert, lässt sich an einem rätselhaften Fremden studieren, der triefend nass und ohne Papiere an der britischen Küste gefunden wurde. Als er sich nicht ausweisen konnte und gegenüber der Polizei stumm blieb, wurde er in eine Nervenklinik gebracht. Und weil er sein Schweigen beibehielt, startete eine Medienkampagne.

In ihr verwandelte sich der stumme junge Mann unter einem Ansturm von Mystifizierungen und Zuschreibungen in ein Genie, einen Prinzen, ein Wunderkind, immer umgeben von tragischen Geheimnissen. Angeblich hatte der Verstummte, statt seinen Namen zu nennen, einen Flügel auf ein Stück Papier gemalt. In der Kapelle der Klinik setzte er sich an das Piano und gab ein zweistündiges »klassisches Konzert«.

Daraus zimmerte die britische Boulevardpresse das ebenso beliebte wie psychologisch verkehrte Hollywood-Klischee vom »verlorenen Gedächtnis«. Dann brach der Kranke sein Schweigen.

Es stellte sich heraus, dass er aus einem abgelegenen Ort in der Oberpfalz kam. Er war kein interessántes Genie, sondern ein in seinem Selbstgefühl verunsicherter Mensch, der Bauer nicht werden wollte und sich die Karriere des Künstlers – wie viele Jugendliche hatte er mit einem Keyboard musiziert – nicht zutraute. Weil er sich zu Hause nicht wohlfühlte und keine Perspektive fand, ging er ins Ausland. Dort geriet er in einen psychotischen Zustand, reiste weiter nach England, wollte sich ertränken, gab der Polizei ein Rätsel auf und kam wie alle Leute, mit denen die Ordnungsmächte nichts anzufangen wissen, in die Nervenklinik.

Es ist etwas anrührend Paradoxes in dieser Geschichte. Sie erinnert an Kaspar Hauser, der von sich behauptete, völlig isoliert in einem Kerker aufgewachsen zu sein, nicht zu wissen, wer er sei und woher er komme. Solange du dein Ich behältst und dafür Aufmerksamkeit wünschst, bleibst du ein Niemand, sagt diese Geschichte. In dem Augenblick aber, in dem du die anderen überzeugst, du hättest dein Ich verloren, finden dich alle wichtig und versuchen, dir eine Identität zu verschaffen. Bis heute ist nicht geklärt, ob Kaspar Hauser ein verfolgter Prinz war oder ein seelisch gestörter Mann, der sich schließlich zum »Beweis« seiner Geschichte lebensgefährliche Verletzungen zufügte.

Wie Kaspar Hauser die Abstammung aus dem Hochadel wurde dem Klavierspieler eine hohe Begabung zugeschrieben. Der farblose junge Mann, den zu Hause niemand vermisste, war plötzlich ein Virtuose. Nach den ersten Berichten in der britischen Massenpresse meldeten sich über 1000 Leute mit Hinweisen. Kaum war das Geheimnis zerronnen, wurde aus dem Pianoprinzen ein Simulant, der die Ärzte betrogen hatte – und Klavier spielen konnte er jetzt auch nicht mehr. Von Schadensersatzforderungen, selbst einer Anzeige war die Rede. So wurde der Pianomann für einen Mythos bestraft, den er nicht geschaffen hatte. Was ist, verglichen mit dieser öffentlichen Pathologie, die Pathologie dieses verstörten jungen Mannes? Für den Narzissmusforscher ergibt sich ein ähnliches Missverhältnis, wie es Bert Brecht in der Frage formuliert: »Was ist ein Einbruch in eine Bank, verglichen mit der Gründung einer Bank?«

Seit wann produziert die Helikoptermoral solche narzisstischen Intensivstationen? Die bürgerliche Gesellschaft, welche nach den Untersuchungen von Norbert Elias den »Prozess der Zivilisation« vorangetrieben hat, richtete ihre Anstrengungen vor allem darauf, den Menschen die Neigungen abzugewöhnen, sich selbst übermäßig darzustellen. Väter schrieben ihren Töchtern in die Poesiealben: »Sei wie das Veilchen im Moose, / Bescheiden, sittsam und rein, / Nicht wie die stolze Rose, / Die stets nur bewundert will sein!«

Die Leitkultur des 19. Jahrhunderts kam aus England und betonte – protestantisch-puritanisch gefärbt – die Tugenden des Understatements. In Preußen hieß es: »Mehr sein als scheinen.«

Zur Routine politischer Führer gehörte es, ihre Bedürfnisse nach Selbstdarstellung zu zähmen und sie mit ihrer Verantwortung für den Staat zu bemänteln. Selbst die Egomanen des Faschismus hüllten sich in den Mantel der Nation und gaben sich zumindest gelegentlich als bescheidene Diener ihrer Größe. Im Leben des Erwachsenen gleicht das Bedürfnis, um jeden Preis beachtet zu werden und sich der Aufmerksamkeitsdosis mit allen Mitteln zu vergewissern, jenen Flaschengeistern, die gebannt wurden und schlafen, bis ein Vorwitziger kommt und sie befreit. Die Welt der Medien hat in den letzten Jahrzehnten die Zahl dieser Vorwitzigen multipliziert.

Einer der Ersten, der mit dem Gebot der Bescheidenheit und Selbstkritik brach, war der Boxer Cassius Clay, der in die Sportwelt hinausposaunte: »Ich bin der Größte!« In den Medien galt er als »das Großmaul«. Heute sind die Großmäuler Legion geworden. Um endlich ungeniert mehr zu scheinen als zu sein, zahlen die Veilchen im Moose Motivationstrainer, die eine Halle voller Menschen beschwören, sie seien Adler und keine Hühner, bis alle Zustimmung krähen.

Einen Menschen umzuwerfen, der neben mir steht, macht viel weniger Spaß und Lärm, als ein Denkmal vom Sockel zu stoßen. So wird deutlicher, was uns an dem Piano-Mann und an Kaspar Hauser fasziniert hat – und was die Gnadenlosigkeit ausmacht, mit der sie behandelt werden, sobald die Banalität ihrer Geheimnisse deutlich wird. Es geht um den Narzissmus der Betrachter, der sich nirgends besser spiegeln kann als in der Geschichte von Personen, welche von sich behaupten, sie hätten eben jenes eigene Ich verloren, das uns doch am kostbarsten ist. Indem wir ihnen ein ganz besonders Ego zuträumen, tun wir etwas für sie, was wir uns auch für uns selbst wünschen.

Wer würde nicht gerne über eine gleichgültige Welt triumphieren und sich wie im Märchen aus dem Dummling in den Helden verwandeln? Karl May war lange Zeit ein Lieblingsautor von Lesern mit Größenträumen. Der Triumph seiner Texte in den Fantasiewelten von Generationen deutscher Jugendlicher hat die persönliche Niederlage des Autors überlebt. Als May mit gekauften Trophäen posierte, wurde er als Zuchthäusler entlarvt und starb an gebrochenem Herzen, von Rechtsstreitigkeiten erschöpft, in denen er versuchte, seine »Ehre« zu retten.

Wir hätten ihn so gerne, den reinen, guten Helden, das untadelige Vorbild, den Tugendbold, in dem wir uns nicht getäuscht haben, den der Moralhelikopter überallhin verfolgen kann, ohne fündig zu werden. Und in der Tat hätte der Held auch sich selbst gerne so untadelig, umso mehr, je weniger es der Realität entspricht. Er lügt nach Kräften im Dienst der Wahrheit seiner Grandiosität.

Zu seiner Inszenierung gehört der Kontrast: Er muss sich aus einer Erniedrigung erheben, denn in der Niederlage kommt er uns und unseren Gefühlen nahe; so können wir auch an seinem Erfolg teilhaben wie an den sieben gelben Trikots von Lance Armstrong nach einer Krebserkrankung. Wenn wir dann herausfinden, dass der Held geradeso ein Würstchen ist wie wir, dass er geradeso mit allen Mitteln kämpft, um seinen Platz an der Sonne zu finden, strafen wir ihn gnadenlos für die Rolle, die wir ihm zugeschrieben haben.

Parallel zur medialen Durchdringung des Alltags und der Vervielfältigung des Angebots an schnellen Urteilen im Internet schwindet der mäßigende Einfluss, den früher die professionelle Solidarität mit sich brachte. Wer einen Arzt kritisierte, sollte selbst Mediziner sein, wer den Juristen tadelte, sollte die

Gesetze gelesen haben und nicht mangelnde Kenntnisse durch emotionalen Nachdruck kompensieren. Diese Akademisierung der Kritik ist angreifbar, aber nicht prinzipiell undemokratisch. Solange sie nicht missbraucht wird, um unangemessene Macht auszuüben, ist sie ökonomisch, weil populistische Argumente gebremst werden und nicht in politisches Handeln durchschlagen.

Zu ökonomischen Belastungen durch populistische Einmischung in das Handeln der Experten kommt es beispielsweise, wenn der Notarzt festgestellt hat, dass ein Verletzter tot ist, er aber weiter reanimiert, weil er die Kritik der Umstehenden fürchtet, er habe den Toten »einfach sterben lassen«.

Wenn ein gekränkter Ehemann seine Frau schlägt, die Reifen ihres neuen Partners zersticht und eine Verschwörung des Arbeitgebers der Ehefrau aufzudecken behauptet, halten ihn Psychiater nach Aktenlage für gemeingefährlich und befürworten seinen Verbleib in der forensischen Psychiatrie, solange er jede psychiatrische Untersuchung und Behandlung verweigert.

Wenn nun später tatsächlich der Öffentlichkeit klar geworden ist, dass die von dem gekränkten Ehemann verfolgten Arbeitgeber Dreck am Stecken haben, ein Verteidiger die Gutachter angreift und die Medien gegen die einstigen Arbeitgeber der Frau mobilisiert, steht der Freilassung des beleidigten Ehemanns nichts mehr im Wege.

In den Medien und in vielen Hassmails werden jetzt die zuständigen Ärzte als verantwortungslose Gehilfen einer korrupten Rechtsprechung angeprangert, die gesunde Menschen einsperrt. Die folgende Gerichtsverhandlung ergibt weder die Unschuld des gekränkten Ehemannes noch eine verbrecherische Verschwörung gegen seine Freiheit. Als sich dieser auch noch mit dem

Anwalt zerstreitet, der ihn herausgeholt hat, wird es still um ihn.

Die auf die Spitze getriebene Rechthaberei in solchen Fällen spricht für ein Versagen von Empathie und Verhältnismäßigkeit auf beiden Seiten. Wer allen Psychiatern misstraut und sich jeder Untersuchung verweigert, riskiert auch, dass ein Anfangsverdacht niemals korrigiert wird; umgekehrt ist aber Misstrauen gegen die Nervenheilkunde bestimmt kein ausreichender Grund für Freiheitsentzug.

Mit wissenschaftlich begründeten Antworten können die Erwartungen der Helikoptermoral gebremst und schnelle Urteile korrigiert werden. Kampagnen laufen ins Leere, wenn die seriöse Entscheidungsfindung sich die nötige Zeit nimmt. Anders ist die Situation in Fragen des Glaubens. Der Betrachter gerät ins Zweifeln, ob Hexenverbrennungen und Ketzerprozesse nicht Untote sind, welche die Rechthaber der Gegenwart aus den Särgen holen und Blut trinken lassen.

7 / Im Banne des Propheten

In den letzten Jahren haben wir ein neues Kapitel in der Religionsgeschichte aufgeschlagen. Der Glaube ist definitiv in der Mediengesellschaft angekommen. Angesichts brüllender Massen und verbrannter Fahnen, angesichts von Politpuppen auf Scheiterhaufen und Karikaturen auf T-Shirts unter dem Anzugshemd beklagen viele den Verfall der Religion im Dienste politischer Propaganda und wollen uns erklären, derlei Exzesse hätten weder mit dem »wahren« Christentum noch mit dem »wahren« Islam etwas zu tun.

Fromme Wünsche! In Wahrheit stehen solche Aktionen und Affekte den Gründungsgestalten der missionierenden Religionen weit näher als die Kommentare der Gelehrten. Das Feuer und das Schwert, die rücksichtslose Kampfbereitschaft gehörten schon immer zum Repertoire ihrer Propheten. Politische Macht? Das Christentum hatte keine Berührungsängste; Karl der Große trieb den Sachsen ihre Götzen so energisch mit Feuer und Eisen aus wie Mohammed den animistischen Stämmen die ihren. Lange vor Goebbels haben Christen und Muslime Bücher verbrannt – beide mit dem Argument, alles wahrhaft Wissenswerte stehe in einem einzigen, ihrem heiligen Buch. Es ist keine moderne Idee, Komplexität zu reduzieren, notfalls mit Gewalt.

Warum hat der Zeitgeist Mohammed nicht in die Geschichte entlassen können wie andere Gründerfiguren, die wir neben ihn stellen könnten, Moses etwa, Paulus und Luther? Die Europäer haben früh neidisch auf den immensen Erfolg der Anhänger des Islam geblickt, auf ihren schnellen Machtgewinn an den Küsten des Mittelmeers. So war das Bild Mohammeds im Westen anfangs alles andere als wohlwollend. Dante begegnete dem Propheten im neunten Kreis der Hölle:

Ein Fass, von welchem Reif und Dauben weichen,
Ist nicht durchlöchert, wie hier einer ging,
Durchhaun vom Kinn bis zu Gesäß und Weichen,
Dem zwischen beiden Beinen abwärts hing
Das Eingeweide, bis wo sich die Speise
Wandelt in Koth, und offen das Geschling.[25]

Weil er die Gläubigen gespalten hat, wird Mohammed von einem Teufel von oben nach unten mit dem Schwert durchschlagen, so dass er die Eingeweide hinter sich her schleppt. Durch infernalische Zauberei wächst der gespaltene Prophet wieder zusammen, um in der nächsten Runde erneut gespalten zu werden.

Dante hat keine Fatwa fürchten müssen. Er lebte, des Beifalls seiner Zeitgenossen sicher und von keinem Araber gelesen, in Frieden und Sicherheit. Verglichen mit seiner Schmähung gegen den Propheten des Islam wirkt Rushdie harmlos. Aber Dante lebte zur Zeit der Kreuzzüge, er ist selbst eine historische Gestalt. Freilich ist gegenwärtig die Stimmung so aufgeheizt, dass es schwer fällt, sich nüchtern mit historischen Bildern zu beschäftigen. Mohammed ist der letzte, historisch am besten fassbare unter den großen Religionsstiftern, in mancher Hinsicht aber auch der erste Verteidiger einer Ur-Offenbarung gegen »Verfälschungen«.

Der Islam ist primitiver Rachsucht nicht stärker zugeneigt als das Christentum. Die selbst ernannten Sprecher des Propheten, die in seinem Namen hetzen, drohen und vor laufenden Kameras blutige Rache schwören, tun im Grunde nur das, was sie von uns gelernt haben: Sie betreiben Propaganda. Manche aus bigotter Empörung; andere vielleicht, um davon abzulenken, dass sie Macht wollen und einen Sündenbock für ihre eigene Korruption brauchen.

Die vom Westen gelieferten Massenmedien fördern Formen des Glaubens, die mit dem rationalen Hintergrund der verwendeten Technik nichts zu tun haben. Ein Kindersoldat muss nicht wissen, wie eine automatische Waffe funktioniert, um sie abzufeuern. Seit den Erfolgen des Populismus in der Politik wissen Demagogen aller Glaubensrichtungen genau, dass nichts ihren Zwecken besser dient als ein Feind, der heilige Traditionen verletzt. Die Hassprediger schwärmen von Mohammed in derselben hysterischen Tonlage, in der Hitler von Deutschland gesprochen hat.

Wissenschaftler suchen herauszufinden, was eine Religion erfolgreicher macht als die andere. Gläubige sind begeistert. Sie identifizieren sich mit den Helden ihres Glaubens, sie wollen so sein wie diese, sie erleiden deren Schmerz, wenn sie gekränkt werden. So ist Mohammed ein Symbol des Selbstgefühls, wie auch Buddha oder Jesus Christus: eine Gestalt, die zu dramatischen Identifizierungen verführt.

Je unsicherer eine Person in ihrem Selbstgefühl ist, desto mächtigere Figuren sucht sie als Vorbilder, als Halt. Der Prophet, dessen Lehre so immensen Erfolg hatte, ruft Anhänger wie Neider auf den Plan. Wenn wir uns fragen, was verlocken mag, den Künder des Koran, den Wüstenwanderer, Kaufmann und Kriegsherrn mit Spott zu schänden, dann ist es doch wohl am meisten der Neid auf diese geradezu unglaubliche Karriere vom Karawanenführer zum mächtigsten Mann des Morgenlandes. Kameltreiber, sagen die Spötter, die keine Ahnung haben, was für eine Leistung, für ein Abenteuer es ist, Weihrauch aus dem Jemen an die Küsten des Mittelmeers zu bringen.

Wir kennen Machtkarrieren: die vom Artilleriehauptmann zum Kaiser, die vom Postkartenmaler zum größten Feldherrn aller Zeiten. Wir kennen Glaubenskarrieren: die des römischen Bürgers und Juden Saulus etwa, ohne dessen Bekehrung und Entscheidung, ein Missionar zu werden, das Christentum niemals eine Weltreligion geworden wäre, die des Mönches Martin Luther, dessen Reformation die Modernisierung Europas vorantrieb.

Als im Januar 1985 Mahmud Taha im Alter von 75 Jahren im Hof eines Gefängnisses in Khartum hingerichtet wurde, lautete die Anklage genauso wie die vom Vormittag des 6. Juli 1415 gegen den tschechischen Prediger Jan Hus auf Abfall vom wahren Glauben. Hus wurde am Nachmittag desselben Tages in Konstanz auf dem Brühl mitsamt seinen Schriften verbrannt, obwohl ihm für seine Rechtfertigung auf dem Konzil ausdrücklich freies Geleit zugesichert worden war. Mahmud Muhammad Taha wurde gehängt, obwohl in der Verfassung des Sudan ausdrücklich festgelegt war, dass kein über 70-Jähriger exekutiert werden dürfe.[26]

Die westliche Welt empörte sich. Konservative islamische Gelehrte hingegen beglückwünschten die Machthaber im Sudan zur Exekution des »Ketzers« und »Gottesfeindes«. Denn wie die Hinrichtung von Hus war auch die von Taha politisch motiviert; seine vom Sozialismus und der Sufi-Mystik beeinflusste Lehre, für die er im Land große Verehrung genoss, passte dem Diktator Dschafar Muhammad an-Numairi nicht, der seine Macht durch Wiedereinführung der Scharia festigen wollte.

Taha hat in einem später auch ins Englische übersetzten Text über *The Second Message of Islam* die These begründet, dass es eine allgemeingültige, universelle Ethik im Werk des Propheten gibt, die zu einer zeitgebundenen, intoleranten und latent gewalttätigen Tradition kontrastiert. Der in Mekka in den Jahren 610 bis 622 geoffenbarte Text gilt Taha als zeitlos. Damals hatte der Prophet keine weltliche Macht. Seine Botschaft ist tolerant, dialogisch, liebevoll auch gegenüber den Juden und Christen, den Menschen der Schrift, deren Verkündigungswerk Mohammed vollenden will (Koran 2,38). Dann übernehmen die Anhänger des Propheten die Macht in Medina. Er wird weltlicher Führer einer rasch wachsenden Gruppe und zunehmend intolerant nach dem zynischen Motto: Wenn du in der Minderheit bist, fordere Toleranz; wenn du in der Mehrheit bist, verweigere sie!

Seit 624 geht der Prophet auch militärisch gegen Widersacher seiner Verkündigung vor. Er kämpft gegen feindliche Clans und gegen die Juden, die sich nicht bekehren lassen. Jetzt kommen in dem Kampf gegen einen feindlichen Stamm, die Banu Quraiza, nur Konvertiten mit dem Leben davon. Wer sich weigert, wird exekutiert, Kinder und Frauen werden als Sklaven verkauft. Der Prophet verhält sich wie andere Stammesführer und präformiert so das Verhalten des politischen Islam in der Gegenwart.

»Das Phänomen der Gewalt zieht sich durch die ganze Frühgeschichte des Islam. Dabei spielte die bei den arabischen Stämmen geläufige Praxis der Blutrache eine nicht zu unterschätzende Rolle, die sich auch auf den Islam in seiner politischen Form ausgewirkt hat. Nach dem Tod des Propheten kam es zum Schisma der ersten Gemeinde, und das politisch motivierte Töten erreichte einen ersten Höhepunkt. Drei der vier ersten Kalifen, der Nachfolger des Propheten an der Spitze der islamischen Gemeinde, wurden von Muslimen ermordet, denen medinensische Koranverse als Rechtfertigung dienten.« So Abdel-Hakim Ourghi, ein in Algerien geborener Islamwissenschaftler, der gegenwärtig in Freiburg islamische Religionspädagogik unterrichtet.[27] Er greift auf Tahas Thesen zurück und wendet sich gegen die »naive« Auffassung, gewalttätige Extremisten seien keine Muslime, der Islam sei seinem Wesen nach friedfertig.

Es nütze nichts, der gewalttätigen Ideologie das theologische Fundament einfach abzusprechen. Die Muslime sollten sich dieser Seite ihrer Traditionen bewusst werden und den Gegensatz zwischen den beiden grundlegenden Botschaften des Koran akzeptieren. Nur so bereiten sie einer humanistischen Wende den Boden.

Gegenwärtig wird das Heilige Buch des Propheten nicht nachdenklich in seinen Widersprüchen gelesen, sondern nach dem Gesetz der Helikoptermoral aus Zusammenhängen gerissen und absolut gesetzt. Die Forderungen der Globalisierung scheinen die sozialen und innerseelischen Regelsysteme zu überlasten, die bisher Frieden und Toleranz mehr schlecht als recht unterstützt haben. Im ersten Jahrzehnt des 21. Jahrhunderts sind wohl mehr Menschen in Religionskämpfen gestorben als im ganzen 19. Jahrhundert.

Ein zentrales Merkmal jeder Gruppe ist ihre Grenze, durch die sie sich von anderen Gruppen unterscheidet. Diese Grenze hat immer irrationale Qualitäten, sie verwendet Symbole (wie Rituale, die Farbe der Gewänder, Abzeichen, eine Fahne); sie zu gestalten, ist eine zentrale Aufgabe der Religion.

In schriftlosen Kulturen gibt es keine Propheten und keine erkennbare »Urszene« eines gruppenstiftenden Glaubens für die Menschen, die in der Gruppe geboren werden. Der Glaube war einerseits schon immer da, anderseits verändert er sich – ebenso wie eine nicht durch die Schrift gefasste Sprache – in jeder Generation. Es gibt Beobachtungen in Australien, wo das von einem Missionar erstellte Wörterbuch dem Enkel des Autors nur noch wenig nützte, als er die Sprache der Aborigines erlernte.

Der Prophet steht an der Schwelle einer Modernisierung: Er schafft einen neuen Glauben und um diesen herum eine Gruppe mit einer Grenze. In der Konsumgesellschaft hat sich dieser Prozess trivialisiert und mit Waren angereichert; seine Tentakel greifen in die Individuen und suchen sie zu binden.

Psychologisch gesehen agiert jeder fähige Stratege einer PR- oder Werbekampagne wie ein Prophet. Auf dem Schulhof werden Kämpfe, ob Nike oder Puma die »wahren« Sneaker baut, mit ähnlicher Energie ausgetragen wie in Tibet einst der Streit darum, welcher Lama die wahre Inkarnation Buddhas sei. Die Propheten sind als Leitfiguren nicht verschwunden, sie haben sich aufgelöst und multipliziert in jene zahllosen Propagandisten, die alle möglichen Symbole und Fantasien benutzen, um Gruppen zu gewinnen und sie gegeneinander abzugrenzen.

Was Autoren wie Sigmund Freud in ihrer Grenzziehung zwischen Wissenschaftlern und Illusionsgläubigen unterschätzt haben, ist die schlichte Tatsache, dass jeder von uns mehreren

Gruppen angehört. Daher bedeutet die Zugehörigkeit zur Gruppe der Wissenschaftler keineswegs automatisch die Zugehörigkeit zur Gruppe der vom Gottesglauben Befreiten.

Für die meisten Menschen ist Religion nicht besonders wichtig. Sie sind nicht tief gläubig und auch nicht atheistisch. Sie sind, was den Propheten früher (und den Werbestrategen heute) ein Gräuel ist, lau, unentschieden, dem Fanatismus abgeneigt, bequem, dem Märtyrertum abhold. Sie bewegen sich zwischen mildem Zweifel und vorsichtigem Glauben. Ihnen spricht der italienische Dorfpfarrer aus der Seele, der mit dem Satz »Es ist doch so leicht« (È tanto facile) seinen Schäflein zuredet, bei der Stange zu bleiben. Wenn sie einmal im Jahr beichten und kommunizieren, sind sie auf der sicheren Seite. Auch wenn man das Risiko ewiger Verdammnis für sehr gering halte – vielleicht ist ja doch etwas dran.

Große Propheten, die viel bewegen, sind hochbegabte Menschen, die seelisch schwer verletzt und erschüttert wurden. Das Erlebnis, welches ihre Karriere anstößt, kann ein Trauma sein, eine schwere Verwundung, welche eine Soldatenkarriere beendet wie bei Ignatius von Loyola, ein epileptischer Anfall wie bei Saulus/Paulus. In anderen Fällen wissen wir zu wenig, um etwas zu vermuten, etwa bei Mohammed. Bei Buddha ist das Ereignis ganz in Legende gehüllt: Er soll, als Prinz geboren und von seinem Vater vor dem Anblick jedes Lebensübels bewahrt, angesichts der Begegnung mit einem greisen Bettler »seine« Traumatisierung erlebt haben.

Propheten verarbeiten die Erschütterung ihres Selbstgefühls mit den Mitteln, die ihnen ihre Kultur liefert. Sie deuten ihre Erlebnisse in den Kategorien der Mythen, die sie bisher kennengelernt haben, deren neue Fassung nun ihr Leben erfüllt.

Zum Propheten gehört zweierlei: die Heilslehre und die Schrift. Schreiben ist Magie, ist ein Wunder, wenn wir uns das Erstaunen und Erschrecken der schriftlosen Kulturen angesichts der schriftbesitzenden ausmalen. Botschaften »für immer« festzuhalten, sie über Zeit und Raum ins Grenzenlose zu übermitteln, das sind nicht Eigenschaften Gottes, das ist Gott selbst, sein Gebot, sein Gesetz.

Der durch eine tiefe Krise Erschütterte wird zum inspirierten Künder seiner Wahrheit. Er verarbeitet seine Ängste, indem er seine Lehre predigt. Er kann sie nicht mehr verlieren, denn er hat eine schützende Gruppe um sich geschaffen. Ein Prophet, ob er Paulus heißt, Franziskus oder Luther, Mohammed oder Ron Hubbard, wird die Angst vor der Auflösung seines Glaubens dadurch bewältigen, dass er ständig andere von diesem überzeugt.

Wenn Glaubensstifter behaupten, sie hätten das Rätsel des Schicksals gelöst und Gott gefunden, deutet das der Psychoanalytiker als Reaktionsbildung auf das Erschrecken vor traumatischer Überlastung der Psyche. Nicht diesem Chaos bin ich begegnet, sagt sich das erschütterte Ich, sondern höchster Klarheit, festester Ordnung, letzter Sicherheit über Gott und die Welt. Grenzerfahrungen werden verarbeitet, indem sich die Betroffenen an eine Autorität anlehnen oder selbst zu einer werden. Sie regredieren zunächst, suchen Elterngestalten, an denen sie sich orientieren (der verwundete Offizier liest zum Beispiel die Heiligenlegenden). Bei vielen Traumatisierten bleibt es bei dieser Regression; sie klammern sich verstärkt an das, was ihnen die Gruppe an Trost und Halt bietet. Hier wird deutlich, dass die hier unter dem zugespitzten Begriff der Helikoptermoral beschriebenen Erscheinungen die Multiplikation eines früher auf besondere Individuen zugeschnittenen Geschehens sind. Je größer das subjektiv erlebte Chaos ist, je mehr Angst und Verunsicherung wachsen, desto stärker prägt sich auch das Bedürfnis aus, schnell und nachhaltig Sicherheit zu finden. Es verliert seinen Kontext, seine Orientierung an der Realität und greift zur Dämonisierung auf der einen, dunklen, der Erlösung auf der anderen, hellen Seite.

Warum halten solche Prozesse, denen von Nietzsche, Freud und so vielen anderen Grabreden gehalten wurden, die Menschen auch 100 Jahre später in ihrem Bann und spotten allen kritischen Ansätzen?

Als das Rad erfunden wurde, hat es niemand angebetet. Wissenschaft und Technik brauchen keine Verehrung. Der Halt der Wissenschaft in der Realität erspart ihr Fundamentalismus und Terror. Nur wer unsicher ist, muss andere überzeugen. Je bedrohlicher diese Unsicherheit ist, desto mehr werden die missionarischen Anstrengungen gesteigert. Die meisten dokumentierten Selbstmordattentäter waren Konvertiten, frisch bekehrt nach einer Zeit religiöser Leere. Ihr Glaube wackelt, sie müssen ihn festigen.

Die unausweichliche Überzeugungskraft von Wissenschaft und Technik ist auch deren große Schwäche. Sie ermöglichen es nicht mehr, Gruppengrenzen zu ziehen.

Die Helikoptermoral schafft im Einklang der Entrüsteten und zutiefst Überzeugten einen Zusammenhalt, den die Rationalität moderner Werkzeuge nicht herstellen kann. Sie kreist um Ereignisse, mediale Erregungen, die aufkochen und niedersinken wie ein Geysir – aber sie trägt auch eine gefährliche Nähe zur Selbstjustiz in sich, die sich in etwas wie ihrem bewaffneten Arm manifestiert: dem Terrorismus.

8 / Warum wir den Hunger vermissen

In einem ersten Versuch, das unsere Affekte prägende Leben der Jäger und Sammler von den Veränderungen durch die Zivilisation zu unterscheiden, lassen sich Hunger- und Angstkulturen bestimmen. Die altsteinzeitliche Kultur (und mit ihr unsere biologische Ausrüstung) ist davon geprägt, dass Menschen hungrig aufwachen, Nahrung suchen und sich in deren gemeinsamem Verzehr entspannen. Diese Struktur verbindet äußere und innere Wirklichkeit.

Morgens ist wenig Essbares im Lager. Die Babys werden gestillt, die Erwachsenen nehmen einen Schluck Wasser und nagen vielleicht an einem Knochen vom Vortag oder knacken einige Nüsse, die liegen geblieben sind. Dann brechen sie auf, meist in kleinen Gruppen, in verschiedene Richtungen. Was weiter geschieht, hängt von einer Art planmäßigen Zufallshandelns ab.

Obwohl der kulturhistorische Begriff den Jäger vor den Sammler setzt, müsste aus ökonomischer Sicht der Sammler vor dem Jäger stehen. Ob Buschmänner oder Aborigines in Australien – immer überwog in den Tropen, der Wiege des Menschen, die gesammelte Kost. Nur in sehr speziellen Kulturen (Eskimo, Büffeljäger der Prärie), dominierten Jagd und Fischfang. Während große Beute unsicher ist, finden Sammlerinnen und Sammler eigentlich immer etwas. Das meiste wird an Ort und Stelle verzehrt, der Rest dann in Körben oder Taschen zum Lagerplatz getragen und verteilt.

Auch wenn wir beobachten, dass es Eifersucht unter Sammlern gibt und Konkurrenz unter Jägern, ist doch allen der Hunger-Sättigungs-Zyklus so vertraut, dass er zum Modell für den Umgang mit Affekten schlechthin wird. Hunger erschafft eine zyklische Welt im Gegensatz zu einer linearen, in der ein bestimmter Zustand aufrechterhalten werden muss. Dieser lineare Zustand lässt sich mit kulturellen Errungenschaften der Neusteinzeit verknüpfen: mit Besitzdenken, Vorratshaltung, Städtebau und – besonders dramatisch – »heiligen Schriften«, geistigen Dingen, die sich nicht mehr periodisch auflösen.

Der kulturelle Fortschritt führte dazu, dass die Menschen schrittweise etwas entwickelten, was sich in seiner Funktion mit dem Panzer der Insekten oder der Schale der Muscheln vergleichen lässt. In der neolithischen Revolution begann der Mensch, eine Hülle um sich aufzubauen, die eine Grenze zum Busch, zur Wildnis enthielt. Der Wilde lebt im Wald und jagt, der »Mensch« baut Dörfer und Städte inmitten bestellter Felder.

Damit ändert sich die Struktur der Ängste. Es geht nicht mehr darum, ob ich auf meinem Weg durch die Wildnis genug finde, um zu überleben, sondern ob es mir gelingt, das schützende Gehäuse um mich nicht zu verlieren. Die wichtigsten Themen der frühen Dichtung – etwa bei Homer – sind die Zerstörung einer ummauerten Stadt *(Ilias)* und die Sehnsucht nach der vertrauten Heimat *(Odyssee)*. Der Angstpfeil des steinzeitlichen Jägers richtet sich immer nach vorne, dorthin, wo ihn der Hunger hinführt; der Angstpfeil des Hirten, Bauern, Städters muss sich nach allen Seiten richten, denn er hat viel zu verlieren, er muss, um hinter ihnen sicher zu sein, *alle* Grenzen bewachen.

Die Menschen haben durch den Verlust des Hungers ihre Orientierung eingebüßt. Sie suchen jetzt nach *Sinn*, der sehr viel schwieriger zu finden ist. Viele scheinen jetzt überzeugt, dass diese Sinnsuche von Anfang an bestanden hat. Nur unabhängige Geister rücken die Sache zurecht, wie Bert Brecht in seinem Satz: »Erst kommt das Fressen, dann die Moral.« Die Menschen in der Konsumgesellschaft möchten gut sein, eine gute Beziehung haben und möglichst viel positive Aufmerksamkeit. Diese Erwartungen sprengen den überschaubaren Zyklus von Hunger und Sättigung. Die Bedürfnisse verlieren ihr bisheriges Zentrum, ein entspannter Zustand ist schwerer zu finden.

Wer in ein armes Land reist, wundert sich oft über die Fröhlichkeit der Menschen dort. In materieller Not und größter Unsicherheit, wie sie in den nächsten Tagen das Lebensnotwendige herbeischaffen sollen, nutzen sie doch jede Gelegenheit, einen Scherz zu machen oder zu lachen. Der erste historische Bericht über dieses Phänomen stammt von Pater Le Jeune, einem Jesuiten, der bei indianischen Jägern missionierte und 1634 darüber berichtete.

Der Sohn einer wohlversorgten Europäerin begriff nicht, wie die Indianer so fröhlich sein konnten, wenn am Morgen nichts Essbares in ihrem Lager war. Er hatte inzwischen erfahren, wie unsicher das Geschäft der Jagd auch für den geschicktesten Jäger ist. Aber diese Primitiven lachten und scherzten und taten so, »als sei ihr Wild in einem Stall eingeschlossen«, wie der fromme Pater schrieb, dessen Sicherheitsbedürfnisse von einer agrarischen Kultur geprägt waren. Die Indianer belehrten ihn: Sie wüssten sehr wohl, dass sie einige Tage Hunger leiden könnten, aber wer den Gram darüber in sein Herz einkehren lasse, der werde erkranken. Und wenn der Schnee komme (und die

Spuren leicht lesbar würden), dann gäbe es wieder reichlich zu essen.

Auch in den Tropen gibt es große Beute, aber in keiner Jägerkultur für lange Zeit. Wer einen Elefanten oder einen Büffel tötet, muss alle einladen – Fleisch ist im Magen der Gastfreunde am besten bewahrt. Der Ackerbauer kann (und muss) nicht nur Überschüsse erwirtschaften, sondern sie auch einteilen und vor Räubern schützen. Seit es ihn gibt, gibt es auch Ängste, die zwischen verschiedenen Teilen der Person entstehen. Wenn es den Hirten gelüstet, Fleisch zu essen, darf er nicht einfach ein Tier erschlagen; ebenso wenig darf der Bauer sein Saatgut verzehren. Ein Teil der Person, der mit Einsicht und Vorausschau verknüpft ist, beobachtet und kontrolliert einen anderen.

Die Menschen haben im Neolithikum begonnen, sich an dieser Mischung aus Einsicht und Angst zu orientieren. Der Bauer fürchtet sich, dass er schlecht ackert oder sät, einen Fehler beim Füttern des Viehs macht. Er denkt über diese Furcht nach, denn oft dauert es lange, bis er die Folgen eines Fehlers bemerkt und etwas gegen sie tun kann. Der Sicherheit des Ackerbaus entspricht eine höhere seelische Belastung. Der Bauer muss Abstand zu seinem Hunger finden und darin etwas lernen, was Jäger und Sammler überhaupt nicht können müssen.

Ich vermute, dass in der Jungsteinzeit, in der die Menschen Ackerbau und Viehzucht entdeckten, auch eine menschliche Eigenschaft entstand, die zur Vorbedingung narzisstischer Ängste wurde: der Perfektionismus. Er ist eine typische Folge der linearen Möglichkeiten, welche Städtebau und Schriftbesitz schaffen – ein Risiko der menschlichen Existenz, die er ebenso beflügeln wie lähmen kann, je nachdem, ob er die Vernunft besiegt oder diese ihn zu zügeln und zu lenken vermag.

Der Jäger, der am Morgen erwacht, hat nicht Angst, zu verhungern. Er hat Hunger. Der Bauer hingegen hat keinen Hunger, denn sein Kornspeicher ist voll – aber er hat Angst, dass etwas geschehen könnte, was ihm den Kornspeicher leert oder der nächsten Füllung im Weg steht. So plakativ ist es in der Realität nicht immer, aber das Prinzip ist erkennbar. Der Schlaf des Jägers mag von Träumen großer Beute oder Ängsten vor dem Rachen des Tigers gestört sein, aber er ist doch weitgehend frei von den Ängsten, die im Perfektionismus wurzeln.

Moderne Ängste betreffen falsche Entscheidungen, die das Selbstgefühl gefährden. Die Gefahren kommen aus dem eigenen Inneren. Sie sind abstrakt geworden, orientieren sich an dem eigenen Versagen, das Richtige zu tun, die richtige Wahl zu treffen. Sie wachsen aus der verinnerlichten Aggression, gegen eine Regel oder Richtlinie verstoßen zu haben und daher des sicheren Ortes als anerkanntes Mitglied der Gruppe beraubt zu werden. Die Fantasien, diesen sicheren Ort zu verlieren, sind sehr viel reichhaltiger, vielgestaltiger und strenger als die Wirklichkeit. Wenn ich zehn Sünden begehe und verheimliche, entdeckt meine Umwelt vielleicht eine und straft mich für sie. Ich aber weiß um alle und ängstige mich entsprechend.

Jetzt rächt es sich, dass die Konstruktion unserer Ängste stets übertreibt. Es hat für den Jäger Überlebenssinn, das Rascheln im Laub der Giftschlange zuzuschreiben und nicht der Eidechse, den schwarz-gelben Fleck im Gebüsch als Tiger zu sehen, nicht als Windstoß in dürren Blättern. Auch wer sich in der Sicherheit des Klosters, der Stadt eine Folge seiner Sünden ausmalt, sieht eher große Gefahren als Harmlosigkeiten. Sobald es eine Strategie des guten, des richtigen Lebens gibt, wird es schwierig, die Angst loszulassen. Dass überhaupt der Gedanke des richtigen Lebens gedacht werden kann, belegt bereits den Verlust der Unschuld des Lebens schlechthin, das nur lebendig ist und weder richtig noch falsch.

Solange sich das Ich entlang von Hunger und Sättigung entfaltet und jederzeit neu entwerfen kann, verbinden sich auch nicht Angst, Wut und die Gier nach Sicherheit zu einer Dynamik, die Gruppen kriegerisch macht. Sobald es Viehherden und Ackerland, Vorratskammern und kunstreiches Handwerk zu verteidigen gilt, müssen Menschen ihre Kampfbereitschaft (die sie immer in sich tragen, aber anfangs nur in Gestalt des Raufbolds, nicht in der des Kriegers) *dauerhaft* aufrechterhalten. Sie müssen ihr eine Struktur geben, die den Strukturen ihrer Straßen oder Bewässerungsanlagen gleicht.

Das festgehaltene Werkzeug, das den ersten Schritt zur zweiten, zur kulturellen Evolution markiert, ist in den meisten Fällen eine Waffe. Lange Zeit wurden in disziplinierten Heeren Soldaten hingerichtet, die während eines Wachdienstes eingeschlafen waren. In dieser Regel steckt drastische Symbolik: Du darfst dich nicht fallen lassen, so wenig wie du deine Waffe fallen lässt! Wenn du dein Leben erhalten willst, opfere dein spontanes Bedürfnis dem Prinzip, dessen Sinnlosigkeit oder Sinn nicht in deiner Hand liegt. Du darfst an nichts anderes denken als an deine Aufgabe, wach zu bleiben.

Befremdet es, ist es weit hergeholt, ein Essay über den Hunger in diese Betrachtungen zur Helikoptermoral aufzunehmen? Oder macht es klar, wie sehr uns der Hunger und die Erinnerung an ihn erden kann? Die Helikoptermoral ist das Gegenteil dieser Erdung, der kreatürlichen Vergewisserung, dass wir alle Menschen sind, verfolgt von Hunger und Durst, angewiesen auf Sicherheit, von Krankheit und Schwäche bedroht.

9 / Schuldige Welt der Bilder

Im Februar 2014 reisten Teams der deutschen Presse in ein Dorf nahe der Grenze Rumäniens zur Ukraine, ein Nest, das noch niemals zuvor in den Genuss der Aufmerksamkeit überregionaler, gar ausländischer Zeitungen gekommen war. Der Fotograf lichtete wenig einladende Straßen, Gartenzäune und niedrige Häuser ab. Sie strahlten eine Mischung aus handwerklicher Energie und Armut aus, der normalerweise nur jene etwas abgewinnen können, die solche Häuser besitzen.

Die Reporter waren gekommen, um Opfer zu finden.

Vor einigen Jahren hatte in diesem Dorf ein deutscher »Professor« Jungen kostenlosen Karateunterricht angeboten. Er hatte auf einer Wiese einen Pool aufgebaut, einen Zaun darum hochgezogen und die Halbwüchsigen im Ort zum Schwimmen, zu Sport und Spielen eingeladen. Er hatte sie dazu gebracht, sich auszuziehen, sich mit Sonnenöl einzucremen und nackt vor seiner Kamera zu posieren. Er filmte selbst und brachte manchmal auch einen Kameramann mit, und es gab vielleicht auch das große Pfadfinderehrenwort, nichts über diese Spiele auszuplaudern.

Wenn die Knaben ihre Sache gut machten, kaufte er ihnen Pizza und schenkte ihnen Geld. Irgendwann fand ein Hirte aus dem Dorf das Treiben merkwürdig und spähte durch ein Loch im Zaun. Er sah nackte Jungen, die miteinander »kämpften« und dabei gefilmt wurden. Er alarmierte die Eltern. Sie stellten den Deutschen zur Rede, hielten ihn aber nicht auf, als er seine Kameras in sein Auto lud und auf Nimmerwiedersehen verschwand.

Wenn die Geschichte hier ihr Ende hätte, wäre sie für die beteiligten Knaben und ihre Eltern folgenlos verklungen. Kinder wachsen heran, sie haben keinen Anlass, sich an solche Spiele zu erinnern. Keines der Kinder wusste, dass es Bilder im Internet gab, die als »legal« oder »soft« von einem Händler angeboten wurden, der auch harte Kinderpornografie verkaufte. Keines ahnte, dass irgendwann ein deutscher Politiker im Zusammenhang mit dem Kauf ihrer Bilder stürzen würde.

Der Filmemacher Markus R. wurde Mitte August 2010 verhaftet, etwa ein Jahr nachdem sein Treiben aufgeflogen war. In seiner Wohnung fand die Polizei Aufzeichnungen, Filmmaterial und Kostüme. Sie bewiesen, dass sein Abnehmer der kanadische Pädophilen-Service Azov Films war. Auf seinen Computern fand die Polizei auch Hardcore-Kinderpornografie. Diese war aber nicht von ihm produziert. Das Urteil: drei Jahre Gefängnis, eines davon wegen guter Führung erlassen.

Der Reporter berichtete angewidert, dass keines der »Opfer« die von ihm erwarteten *negativen* Erinnerungen an Markus R. hatte. Die Spiele hatten ihnen gefallen, es war lustig, die Kamera hatte sie nicht gestört. Was die heute Volljährigen verletzte, waren die spöttischen Reaktionen im Dorf. »Wann wird wieder gefilmt?« – oder so ähnlich. Zwar wurden in den Reportagen die Namen geändert, aber was soll das nützen, wenn im Dorf jeder jeden kennt? Was geschieht mit einem jungen Mann, wenn man ihm ein Mikrofon vor die Nase hält und wissen will, wie er sich bei dem Gedanken fühlt, dass inzwischen eine nicht überschaubare Zahl von Pädophilen »seine« Nacktspiele auf ihre Festplatten oder Sticks geladen hat?

Der Therapeut begegnet immer wieder Menschen, die es für einen Fehler halten, dass sie die Öffentlichkeit in einen bisher wohlverwahrten Bereich ihrer Vergangenheit eindringen ließen. »Am liebsten wäre ich wieder unsichtbar«, sagte mir einmal eine missbrauchte Frau, die während einer Weiterbildung über ihre Vorgeschichte erzählt hatte. Sie hatte erleben müssen, dass ihr Trauma als Argument gegen ihre Urteilsfähigkeit eingesetzt wurde.

Was ich an Wissen allein besitze und mit niemandem teile, kann ich kontrollieren; was meine Umwelt weiß, kann sie sich zunutze machen und es gegen mich wenden. So wird es beispielsweise der Eheberater zunächst ganz richtig finden, dass Liebende einander über einen Missbrauch in ihrer Vorgeschichte aufklären. Wenn er dann allerdings mit Paaren arbeitet, in denen der »gesunde« dem »traumatisierten« Partner attestiert, es liege nur an ihm, wenn die Beziehung missrate, wird er sich darüber nicht mehr so sicher sein.

Viele Opfer erschrecken vor dem schwarzen und weißen Muster, das von jedem, der eine Meinung über ihr Leben hat, auf sie projiziert wird. Sie können nichts mit einer Hetzjagd auf einen Täter anfangen, mit dem sie sich bereits intensiv auseinandergesetzt haben.

Der vermeintliche Makel, den das Opfer mit dem Missbrauch verknüpft, sitzt tiefer, als Vernunft und Justiz jemals reichen können. Warum ist gerade mir etwas geschehen, was anderen erspart blieb? Habe ich nicht doch etwas falsch gemacht, obwohl alle beteuern, ich sei Opfer, schuldig allein der Täter?

Es ist wohltätig, Verletzungen vergessen zu können, und schmerzlich, sich an sie zu erinnern. Psychotherapeuten decken nicht leichtfertig traumatische Erlebnisse auf. Sie wissen wohl, dass es sich immer um eine Zumutung handelt, wenn Menschen über etwas sprechen sollen, was sie lieber verschweigen. Sie bestehen darauf, dass der Raum, in dem das geschieht, geschützt ist und das Opfer möglichst viel von dem bestimmen kann, wie mit den preisgegebenen Erinnerungen verfahren wird. Öffentlichkeit hingegen ist eine Einbahnstraße.

Opfer in einen Rechtsstreit zu locken, den sie dann nicht verkraften, wiederholt den Missbrauch in der wohlfeilen Empörung über ihn. Es wird nie ein Guthaben geben, von dem wir in Gestalt von Freude abheben können, was uns in unserer Kindheit angetan wurde. Die Opferfantasie lässt uns am Schalter einer imaginären Bank stehen und hoffen, dass ungedeckte Schecks endlich eingelöst werden.

Gegenüber Menschen, die ihre eigene Tugend vor allem durch Forderungen nach drakonischen Strafen unterstreichen, ist Misstrauen angebracht. Wer den Opfern wirklich wohlwill und nicht danach strebt, sich auf ihre Kosten zu profilieren, der sollte auf ihre leisen Stimmen hören und nicht an ihrer Stelle schreien.

»Schande. Ein Dorf in Rumänien. Bedrückende Erinnerungen kommen zurück.« So die Schlagzeile auf dem Titel der *Süddeutschen Zeitung* vom 27. Februar 2014. Im Text wird dann das rumänische Dorf auf einer kleinen Landkarte gezeigt und mit Namen genannt. Niemand müsste das wissen, niemand müsste dorthin gehen und den Bewohnern etwas von einer Schande erzählen, die ihren Ort aus einer gnädigen Anonymität herausreißt. Wir lassen unsere Leser teilhaben, scheinen sich die Verantwortlichen zu denken. Wir haben den Auftrag, die Öffentlichkeit zu informieren, Missstände anzuprangern, Mauern des Schweigens zu durchbrechen.

Als Ende der 1960er-Jahre Jahre die Drogenwelle unter Jugendlichen über die USA und kurze Zeit später über Europa hereinbrach, hat ein Experte ironisch erläutert, die bei Weitem wichtigste Einstiegsdroge sei die Druckerschwärze gewesen. Inzwischen, im Zeitalter des Internets, scheint Druckerschwärze harmlos wie ein Relikt aus der Postkutschenzeit, was Designerdrogen oder Kinderpornografie angeht. Im Kontext medialer Sensationen lässt sich etwas wie vampirische Empathie beobachten. In den Nachrichten über den verheerenden Tsunami an Thailands und Sri Lankas Küsten haben nicht nur viele Touristen die Katastrophe mit ihren Handys aufgenommen. Es gehörte zum Ritual, einem Menschen das Aufnahmegerät vor das Gesicht zu halten, der sich soeben mit letzter Kraft gerettet hatte oder Angehörige vermisste. Dann wurde gefragt, wie er sich fühle.

In der Helikoptermoral geht die Verhältnismäßigkeit verloren. Es gibt nur noch den Affektsturm gegen das Böse. Wer die Karikatur zeichnet, wird behandelt wie ein Mörder. Angesichts von Pädophilie scheint nichts den rachsüchtigen Zorn zu mäßigen; er wird in aller Öffentlichkeit selbstgerecht. Es gibt T-Shirts mit Henkerknoten und der Forderung nach der Todesstrafe für Kinderficker; es gibt sogar wasserfeste Aufkleber für das Auto, nicht »Pädophilie – nein danke«, sondern »Akupunktur für Kinderschänder – lebenslänglich ist nicht genug«, darunter eine blutige Puppe, drei Nadeln im Genital.

»Jetzt reden wir darüber, dass ein Mann, soweit bekannt, in Kanada strafrechtlich irrelevante Bilder, angeblich von unbekleideten männlichen Jugendlichen, bestellt hat. Aber anstatt dass die Unschuldsvermutung gilt, wird er auf dem Marktplatz der

Öffentlichkeit hingerichtet und damit sozial exekutiert. Diese Reaktion schadet einem produktiven Umgang mit der Problematik, sie steht ihm im Weg.« Das sagt Christoph J. Ahlers[28], Leiter des Instituts für Sexualpsychologie und Mitbegründer des Präventionsprojekts Dunkelfeld – kein-taeter-werden.de – am Institut für Sexualwissenschaft der Charité Berlin. Die meisten Psychotherapeuten, die mit pädophilen Patienten gearbeitet haben, werden ihm zustimmen. In der öffentlichen Rede ist nicht nur die Unschuldsvermutung verloren gegangen, sondern auch die Vernunft.

Warum? Ahlers erläutert die Empörung mit einem Vergleich, der direkt zu Sigmund Freud zurückführt. Wenn sich ein Partner besonders dramatisch und nachhaltig über eine sexuelle Untreue des anderen entrüstet, wenn er sogar die wahnhafte Überzeugung äußert, dieser treibe es ständig mit anderen, dann ist es höchste Zeit, herauszufinden, was sich an nicht eingestandenen Wünschen in dem Verfolger findet. Wer am lautesten nach Rache schreit, wer Verdacht und Vergehen gleichsetzt, der lenkt ab vom eigenen Gelüst.

In der Tat leben wir in einer übersexualisierten Welt. Kaum eine Internetseite wird öfter angeklickt als jene, die mehr freie Pornografie anbietet, als sie zehn Pornosüchtige im Lauf ihres Lebens konsumieren können. Pornosüchtige sind Menschen, die sich vor normaler Sexualität fürchten und nach den Ersatzbefriedigungen greifen, die heute so billig und einfach zu haben sind wie nie zuvor. Es ist klar, dass sie so die Sehnsucht nach Austausch und Bestätigung im Körperkontakt nicht stillen können. Keine der Szenen, die der Konsument betrachtet, wird ihn in einer tieferen Weise ergreifen und bewegen – aber er kann immer zur nächsten klicken.

In den Prostitutionsdebatten hat sich schon gezeigt, wie schwer ist es, Fragen über freiwillig/verführt/gezwungen zu beantworten und wie gerade diese Unsicherheit Halbwahrheiten fördert, die im überzeugten Ton vorgetragen werden. Bei Kinderpornografie erübrigt sich das Argument ganz, dass die Darsteller wissen, was sie tun, und einverstanden sind. Um Hardcore- und Hurtcore-Pornos zu produzieren, werden Kinderrechte aufs Grausamste verletzt.

Pädophile sollen in der Therapie lernen, ihre sexuelle Präferenz anzunehmen und sie gerade auch aus diesem Grund niemals in Taten umzusetzen. Das gelingt in vielen Fällen, wird aber durch eine Helikoptermoral massiv erschwert, welche die Unterscheidung zwischen dem tätigen und dem abstinenten Pädophilen wieder aufgibt und den Konsumenten von Bildern verfolgt. Ahrens beschreibt das Dilemma. Wenn ein Mann einen Drink ablehnt, weil er trockener Alkoholiker ist, wird er für seine Standhaftigkeit gelobt. Wenn ein Mann hingegen die Bitte eines Nachbarn ablehnt, Babysitter für dessen Kinder zu sein, weil er ein seit zehn Jahren handlungsabstinenter Pädophiler sei, wird dieser eher die Polizei rufen als ihn für seine Selbstdisziplin loben.

Verhaltensabstinente Pädophile leben in einer prekären Situation. Es gelingt durchaus, sie innerlich zu festigen, wenn sie sich klarmachen können, dass ihre Neigung ein Naturphänomen ist wie Homosexualität oder Transsexualität, dass ihre Fantasien nicht böse sind, sie aber Kindern schaden, wenn sie diese Fantasien in die Tat umsetzen.

Der Verzicht, den diese Einsicht den Pädophilen abverlangt, stellt hohe Forderungen an die seelischen Kräfte, welche das Verhalten steuern. Umso wichtiger ist es, ihn zu würdigen. Wer von seiner Umwelt für einen Verbrecher gehalten wird, braucht sehr viel mehr Energie, nicht einer zu werden, als der für seine Widerstandskraft Anerkannte. Potenzielle Täter, die ihrer Würde beraubt und in ihrem Bemühen verkannt werden, haben größere Probleme, nicht zu tun, was ihnen ohnehin unterstellt wird.

Ich zweifle an der These, dass hinter der »erregten« Aufklärung über den sexuellen Missbrauch durchweg verdrängte sexuelle Bedürfnisse stehen und die Verfolger unbewusst begehren, was sie bewusst bekämpfen. Das mag in einzelnen Fällen so sein und manche Übererregung verständlicher machen. Aber insgesamt sind die Motive komplexer. Es geht auch um Ängste vor der Verführung durch das Bild, hinter denen ein Phänomen der Konsumgesellschaft fassbar wird: die wieder mächtiger gewordene Fantasie, dass es unmöglich sei, Kränkungen zu verarbeiten, Verführungen zu widerstehen.

In der Tat läuft die alles bisher Dagewesene übertreffende Propaganda der Konsumwelt und ihrer Waren darauf hinaus, dass Menschen Versagungen nicht ertragen können. Die Werbebotschaft massiert das Unbewusste auf eine für Freud noch unvorstellbare Weise: Das Paradies ist ein Grundrecht, wer es aber nicht hat, ist verdammt für immer. Er müsste gerettet werden, aber wie soll das gehen? Durch Geld, den Schlüssel zum Hintereingang in das Paradies?

So führt die Dekontextualisierung gerade die Personen, die für die Missbrauchsopfer sprechen, in eine Notsituation. Sie würden gerne eine Kränkung ungeschehen machen, aber sie fühlen sich nicht in der Lage, die Opfer in ihrer Verarbeitung zu unterstützen. Um die eigene Geltung zu sichern, müssen die Kränkungen der Opfer als unüberwindlich, als lebenszerstörend gelten (»Auschwitz für die Seele« und »Seelenmord« sind verbreitete Metaphern über den sexuellen Missbrauch).

Dadurch öffnet sich eine Falle. Wie kann ich jemandem helfen, dem nicht zu helfen sein darf? Wie kann ich mit ihm daran arbeiten, dass er in ein normales Leben zurückfindet, wenn bereits der Gedanke an diese Möglichkeit als Bagatellisierung des Leidens der Opfer, als verborgene Parteinahme für die Täter gilt?

Traumatische Erfahrungen sind oft ungerecht und sinnlos. Die Justiz kann den Täter bestrafen, aber den Zustand des Opfers vor dem Trauma nicht wiederherstellen. Wenn es einem Opfer nicht gelungen ist, sich damit abzufinden, dass die Strafe Erlittenes nicht rückgängig machen kann, können auch die Helfer zum Ziel von Vorwürfen vonseiten der Opfer werden. Sie haben nicht genug oder das Falsche getan. Das gilt vor allem für das unüberlegte Versprechen, dem Opfer würde es auf jeden Fall besser gehen, wenn der Täter bestraft wird.

Wenn heute ein Mann zum Psychotherapeuten kommt und sagt, er sei nur zum Geschlechtsakt fähig, wenn er sich dabei Szenen aus einem sadistischen Porno ausmale – er liebe aber seine Frau, er könne ihr nie etwas antun! –, dann wird der Therapeut mit hoher Wahrscheinlichkeit darauf hinarbeiten, dass der Geplagte seine Schuldgefühle differenziert, dass er Fantasien unschuldig und allein Taten moralisch bedeutungsvoll findet. Philosophen würden anmerken, dass Gedankenfreiheit einer der großen Fortschritte der Aufklärung sei und die öffentliche Moral nicht für Gesinnungen zuständig ist.

Dennoch erhebt sich gegenwärtig keine Stimme unter den vielen, die sonst den freien Markt und die Weisheit der Konsumenten im Munde führen, und rät uns, den Kauf von Bildern straffrei zu stellen, egal, was sie darstellen. Das Bild ist keine Tat, es ist ein Stimulans für Gedanken, und Gedanken sind doch frei? Die Käufer tun selbst zunächst einmal nichts Böses, sie erwerben nur die Zeugnisse der bösen Taten Dritter. Wenn reale Kinder zu Opfern gemacht werden, wie das in der Produktion solcher Bilder geschieht, ist das Strafrecht gefordert. Obwohl es ungewöhnlich ist und die Konsumgesellschaft sonst nirgends so empfindlich ist, lässt sich ein gesellschaftlicher Einwand gegen den Konsum solcher Bilder begründen. Zu Gedankenkontrolle und Zensur entartet das Bilderverbot erst, wenn pädophile Pornos digital hergestellt werden.

Technisch ist das inzwischen problemlos möglich, es ist nur teurer als der Missbrauch realer Kinder in Ländern ohne funktionierende Justiz. Jetzt erstirbt das Argument vom Schutz der abgebildeten Opfer. Es bleibt nur noch das Argument, dass, wer Bilder betrachtet, zu Taten gereizt wird. Dieses Argument ist in dieser Linearität widerlegt. Wer in einem Bildschirmspiel Hunderte hinmetzelt, empfindet das fast immer als harmlose Unterhaltung und verhält sich auch entsprechend. Dass freilich in ihrem Selbstwerterleben massiv gestörte Personen, die solche Spiele sehen und in ihrem Schützenverein auch die entsprechenden Waffen legal erwerben können, zu Massenmördern werden, lässt sich ebenso wenig leugnen.

Digitalarbeiter produzieren Bilderwelten, an denen sich die Opfer einer Perversion befriedigen. Wen geht das an außer den Teilnehmern an diesem Handel? Niemand, würde eine aufgeklärte Rechtsphilosophie sagen. Es ist nicht begründbar, warum ein Delikt ohne Opfer verfolgt werden soll. Es ist nicht nachgewiesen und eher unwahrscheinlich, dass der Konsum von Bildern die Gefahr von pädophilen Taten erhöht.

Die Helikoptermoral reagiert – bei Verdacht auf pädophile Fantasien und ihre Materialisationen – vermutlich auf die unheimliche Vermehrung *aller* pornografischen Bilder im Internet. Angesichts der Erlebnisvergiftungen, die sich Kinder und Erwachsene auf diesem Weg womöglich holen, haben Medien und Politik längst resigniert. Sie begnügen sich mit ignoranten Scheinhürden. Wer in die Bilderwelt von youporn.com eintauchen will, muss auf ein Symbol klicken, dass er über 18 Jahre alt ist (Stand 2014). Geradeso gut könnten wir einen Geldschein mit dem Aufkleber liegen lassen: Wer mich nimmt, ist ein Dieb.

Es gibt in den Konsumgesellschaften viele Dinge im Angebot, die das Wohl der Konsumenten gefährden: Schnaps und Zigaretten, gezuckerte Limonaden, Junkfood, Spielhallen und Bildschirmspiele. Andere Verlockungen sind verboten. Die Strafen treffen vielfach nur die Händler, nicht die Konsumenten. Manchmal wird etwas, was lange Zeit streng verboten war, angesichts der Ineffektivität des Verbotes wieder erlaubt, wie Marihuana in Holland oder Colorado, Alkohol nach der Prohibition in den USA.

Das Verhalten des Staates ist widersprüchlich und ohne einen Blick auf die Sittengeschichte gar nicht zu verstehen. Wenn der Staat mich vor Gefahren und sich selbst vor den Folgen teurer Unfälle schützen will – warum darf ich beispielsweise die schwarze Piste fahren, einen Sportwagen kaufen, aber nicht Kokain schnupfen? Im Zusammenhang mit Drogen wird schon sehr lange darüber diskutiert, ob der Aufwand an Strafdrohung und Polizeibewehrung das Ergebnis rechtfertigt. Das scheint davon abzuhängen, was wir für das Ergebnis halten wollen: den Schutz der Menschen oder die Durchsetzung des Prinzips. Jedenfalls ist der in den USA ausgerufene »Krieg gegen die Drogen« verloren, wenn der Sieg ein Schwinden des Gebrauchs illegaler Drogen wäre.

Die Konsumentenzahlen stagnieren oder steigen, das organisierte Verbrechen gedeiht und führt in Mexiko verheerende Bandenkriege um verbotene Märkte. Auch das Alkoholverbot in den USA hatte dort die Mafia mehr gefördert als die Moral. Die Prohibition wurde wieder aufgehoben und durch Steuer und Altersgrenze ersetzt.

Diese Mischung halten die Experten gegenwärtig für das kleinste Übel, solange die Steuereinnahmen wirklich dorthin fließen, wohin sie gehören: in die Betreuung der Opfer.

Die Helikoptermoral ist ein schlechter Ratgeber, wenn es um Antworten auf diese Frage geht: Wie können wir unsere Mittel so einsetzen, dass möglichst viele Menschen ein möglichst gutes Leben führen ohne mehr Ängste und Traumatisierungen als unbedingt nötig?

10 / Die Helikoptermoral und der Tod

Vor einer gynäkologischen Praxis stehen Aktivistinnen. Sie halten Frauen, die eintreten wollen, das Plastikmodell eines Fötus vor die Nase. Wollt ihr wirklich zu Mörderinnen werden? Daneben demonstriert ein »stiller Beter« für das Leben des Ungeborenen.

Wenn mich in meiner therapeutischen Praxis jemand um Rat fragt, werde ich gegen eine Abtreibung sprechen, weil ich erlebt habe, dass sie in vielen Fällen unerwartete und schwerwiegende seelische Verletzungen auslöst. Ich erinnere mich heute noch mit Freude daran, wie mich auf einer Lesung eine Frau ansprach und sich bei mir ehrlich bedankte dafür, dass ich sie davon überzeugt hatte, die ungewollte Schwangerschaft nicht abzubrechen. Dies sei die beste Entscheidung in ihrem Leben gewesen.

Wenn aber mein Rat nicht gefragt wird und die Entscheidung gegen das Kind gefallen ist, ist es mir genauso selbstverständlich, keine Vorwürfe zu machen, keine Schuld zu inszenieren. Ich denke, diese Frau hat sich emotional viel zugemutet, ich finde schade und traurig, was geschehen ist, aber wem wäre damit gedient, sie zu bestrafen? Wenn ich das Argument vom »strafrechtlichen Schutz für ungeborene Kinder« durchdenke, läuft es mir kalt den Rücken hinunter, ähnlich kalt wie angesichts des Gedankens, einen Plastikfötus für den Appell an das Schuldgefühl zu nutzen.

Wo ein Gut nicht gewonnen werden kann, soll in der Helikoptermoral die Suche nach dem kleineren Übel unmöglich bleiben. Das Geschenk einer Schwangerschaft trotz widriger Umstände annehmen zu können, ist eine wunderbare Sache. Wenn das aber nicht möglich ist, scheint die Schwangerschaftsunterbrechung doch das kleinere Übel, verglichen mit dem Leid einer Frau unter den Instrumenten einer illegalen Helferin, verglichen auch mit dem Leid des unerwünschten, aufgezwungenen Kindes, verglichen mit der Strafe für eine Person, die sich nicht in ihr Leben hineinreden lassen will.

Kein Mensch ist Herr über Leben und Tod. Aber manche sind mächtiger als andere. Der Deutsche Ärztetag 2011 verbot nach einer kontroversen Debatte in schärferem Ton als bisher den Ärzten, Kranke in ihrem Wunsch zu unterstützen, aus dem Leben zu scheiden. »Gewerbsmäßige« Sterbehilfe soll verboten werden. Kein Wort davon, dass ein solches Gewerbe nur dort gedeihen kann, wo sich die Medizin dem Verdacht aussetzt, ihre Patienten in diesem Punkt im Stich zu lassen. Ein Blick zu den Nachbarn:

Nach dem im Jahr 2001 in Kraft getretenen niederländischen Gesetz bleibt Beihilfe zum Suizid von einer Strafverfolgung befreit, vorausgesetzt, ein Arzt ist zu der Überzeugung gelangt, dass der Patient »freiwillig und nach reiflicher Überlegung« um Sterbehilfe gebeten hat und sein Zustand »aussichtslos und sein Leiden unerträglich ist«; der Patient über seinen Zustand informiert ist und ein zweiter Arzt bereit ist, zu bestätigen, dass »die Lebensbeendigung medizinisch sorgfältig ausgeführt« wurde.

Dieses Gesetz hat viele Moralhelikopter aufsteigen lassen. Die düstersten Ankündigungen wurden ausgestreut: ein Dammbruch! Angehörige würden lästige Pflegefälle drängen, sich endlich töten zu lassen, und Ärzte dadurch zu Mördern gemacht. Patienten würden Zettel in der Brusttasche tragen, »Ich will leben!«, damit sie nicht von einem Arzt umgebracht werden, wenn sie nach einem Unfall in ein Krankenhaus gebracht werden. Ärzte, die Patienten ohne deren Einwilligung umbringen, würden seltener erwischt und verfolgt als Schwarzfahrer in der Amsterdamer U-Bahn.

In Wahrheit sind die Fälle von aktiver Sterbehilfe in den Niederlanden seit Bestehen des Gesetzes eher zurückgegangen. Wenn die niederländische Praxis einen Damm einreißen würde, der in anderen Ländern mühsam aufrechterhalten wird, müsste die Situation dort völlig anders aussehen.

Besonders perfide ist es, solche Formen von Sterbehilfe mit den Euthanasie-Aktionen der NS-Zeit zu identifizieren. In dem Konzept des »lebensunwerten Lebens« wurde der Wille der Betroffenen radikal ignoriert und durch einen Wahn von bedrohter Erbgesundheit oder Rassereinheit ersetzt. In der holländischen Regelung hingegen ist der freie Wille von zentraler Bedeutung. Wie alle Dammbruch-Rhetorik beziehen auch die gegen die Sterbehilfe vorgebrachten Argumente ihre Macht aus Unterstellungen. Sie könne benutzt werden, um Kosten zu sparen. Eine dieser düsteren Unterstellungen transportiert die Rede vom »Mobbing zum Tode«, das den Lebenswillen von Pflegefällen bricht.

Das alles beantwortet aber die Frage nicht, ob das mit Strafandrohung bewehrte Verbot mehr Lebensqualität sichert. Eine Schwerkranke mag aufblühen, wenn die Familie entlastet wird, wenn eine liebevolle Pflegekraft ins Haus kommt oder sie einen Platz in einem Hospiz findet. Aber wenn diese Hilfen nicht in Sicht sind und die Situation für alle Beteiligten unerträglich wird? Könnte es nicht auch der Würde solcher Menschen dienen, dass sie die Möglichkeit haben, den Tod dem Leben vorzuziehen? Brauchen sie Anwälte, die sie vor solchen Fragen, vor solchen Gedanken schützen, oder können sie das selbst?

Es ist das zentrale Symptom einer schweren Depression, dass sich die Betroffenen ein Ende ihrer Qual nicht vorstellen können und lieber sterben wollen, als sie länger zu ertragen. Während aber der Tod definitiv ist, kommen Depressionen und vergehen wieder, bessern sich durch Psychotherapie, durch Medikamente. Patienten, die unbedingt sterben wollten, sind manchmal erleichtert, dass sie daran gehindert wurden. Aber es gibt auch Depressionen, die nicht wieder verschwinden. Einige Depressive töten sich schließlich doch, nach langem Kampf, einsam und grausam für sie selbst ebenso wie für ihre Angehörigen.

Es ist nicht nur lebensrettend, sondern auch todbringend, Menschen wegen Selbstgefährdung in einer geschlossenen Station unterzubringen. Depressive verschweigen aus genau diesem Grund ihre Selbstmordpläne und setzen sie lieber heimlich in die Tat um. Nach den Erfahrungen des Schweizer Vereins Exit, der Sterbehilfe nur Mitgliedern anbietet, sind fast alle Kandidaten für den assistierten Suizid körperlich schwerstkrank. Zwei Drittel von ihnen leben, nachdem sie das tödliche Gift beschafft und den assistierten Suizid vorbereitet haben, bis zu ihrem natürlichen Ende weiter. Sie *dürfen* noch, aber sie *müssen* nicht mehr leben.

Standesvertreter sagen, dass Mediziner geschult sind, Leben zu verlängern und nicht zu verkürzen. Das ist nicht falsch, aber es macht die Ärzte zu Schönwetterkapitänen. Ein Staatsanwalt beziehungsweise Richter wird solche Grenzsituationen nicht besser, sondern in der Regel noch schlechter bewältigen als der Arzt.

In Holland und Belgien hat der Gesetzgeber den Willen einer Bevölkerungsmehrheit übernommen, die auch in Deutschland nach den Umfrageergebnissen kontrollierte Sterbehilfe befürwortet. Es gab nach der Lockerung der Verbote keine Häufung von Suiziden. Warum ist der Gesetzgeber dort weniger rigoros? Vielleicht liegt es daran, dass Holländer und Belgier mehr darauf vertrauen, dass Menschen aus Freude und Hoffnung am Leben bleiben. Hoffnungslos Kranke können dann Trost in jenem offenen Gespräch über ihre Todeswünsche finden, das die deutsche Regelung erschwert.

In Deutschland dominieren in den Aussagen der Experten die Ängste, dass Scharen von Menschen aus dem Leben desertieren oder gar von Angehörigen aus ihm vertrieben werden, wenn den Ärzten nicht strikt verboten wird, in diesem Bereich ihrem Gewissen zu folgen. Die Ursache vermute ich in den stärker verwurzelten militaristischen und autoritären Traditionen hierzulande.

Wir verstehen die ganze Debatte und die heftigen Emotionen sehr viel besser, wenn wir uns klarmachen, dass es für die Streiter nicht um konkrete Situationen geht, sondern um Ängste vor Möglichkeiten. Der Mensch kann Eventualitäten sehr viel schlechter bewältigen als Realitäten. In einer Realsituation behält die Angst ihre Gestalt. Sie hat einen Anfang, einen Höhepunkt und klingt dann ab. In einer bedrohlichen Fantasie ist das nicht möglich. Die Angst wird ihrerseits fantastisch und malt die schlimmsten Szenen.

Eine qualvolle Lebensverlängerung, abhängig von Apparaten und einfühlungslosem Pflegepersonal, der Pseudofreitod verelendeter Patienten oder der Suizid körperlich gesunder Depressiver im besten Alter sind rare Extremsituationen. Die fast überall gesetzlich erlaubten Möglichkeiten der passiven Sterbehilfe, der Patientenverfügung und des vernünftigen Dialogs reichen fast immer aus, um Grenzsituationen zu bewältigen.

Der Tod teilt mit anderen Grenzerfahrungen die Qualität, dass er emotionale, oft rational nicht beherrschbare Angstreaktionen auslöst. Wer sich ängstigt, möchte sich in Sicherheit bringen. Für unser Denken bedeutet das, dass wir möglichst schnell eine möglichst eindeutige Position haben wollen.

Debatten, ob ein Schwerkranker weiterleben will und soll oder nicht, wurden schon immer geführt und entschieden. Ein Arzt, der in Kooperation mit den Angehörigen die Schmerzmittel so hoch dosiert, dass sie eine Atemlähmung fördern, wird wohl auch gegenwärtig nur dann vom Staatsanwalt verfolgt, wenn ihn Kollegen anzeigen oder er aus einer solchen Aktion ein Politikum macht und sie nicht taktvoll verschweigt.

Depressionen sind eine der am meisten verbreiteten und verheerendsten Erkrankungen der Moderne, nicht nur weil sie in so vielen Fällen zum Selbstmord führen, sondern auch weil sie das Risiko für andere ernstliche Erkrankungen – Infektionen, Herzinfarkte, Krebs – erheblich steigern.

Wenn wir von rund 13 Millionen Einwohnern in den Niederlanden ausgehen und einem im Bereich der Depression bei (vorsichtig geschätzt) zwei bis drei Prozent liegenden Erkrankungsrisiko, müssen mindestens 300 000 schwerwiegende depressive Neuerkrankungen pro Jahr veranschlagt werden. Gegenüber dieser Zahl sind die höchstens 2000 Fälle aktiver

Sterbehilfe, die praktisch immer alte, körperlich Schwerkranke betrafen, kein Zeichen für einen gravierenden Missbrauch durch heilbare depressive Patienten.

Jeder Kranke, dem durch aktive Sterbehilfe ein Stück womöglich noch erfüllten Lebens geraubt wird, ist einer zu viel. Jeder Leidende, dessen Qualen unsinnig verlängert werden, ist ebenfalls einer zu viel. Vorsicht scheint angebracht gegenüber allen Experten, die vorgeben, sie hätten hier eine Patentlösung, etwa in der Art, dass sie alle Schmerzen beseitigen, alle Depressionen heilen können, dass sie den freien Willen sicher einzuschätzen vermögen oder genau wissen, wann ein Leiden hoffnungslos ist.

Die Frage ist eher, welcher Situation wir zutrauen, dass sie die in jeder Regelung – der liberalen wie der restriktiven – unweigerlich enthaltenen Risiken möglichst klein hält. Die gesellschaftliche Entwicklung im Umgang mit anderen unvermeidlichen Übeln wie der Ehescheidung oder dem Schwangerschaftsabbruch bietet Hinweise.

Im Verlauf der letzten 50 Jahren sind in Europa die Verbote von Abtreibungen vielfach abgebaut worden. Dieser Prozess war langsam und schmerzhaft; er ist weder abgeschlossen noch unumstritten. Aber er hat eine Richtung und wird durch die Helikoptermoral verwirrt und getrübt, ohne Nutzen und manchmal zum Schaden der Beteiligten.

Ähnlich wie die Ehescheidungen allein dadurch häufiger und gesellschaftlich sinnvoller wurden, weil die Menschen sehr viel länger leben und sehr viel mehr Freiheiten in ihrer Beziehungsgestaltung haben, ist auch die Scheidung des Sterbenden vom Leben wichtiger geworden, weil es eine große Spanne technischer Möglichkeiten gibt, Lebensfunktionen zu erhalten und dadurch prekäre, für unser Gefühl unerträgliche Leidenszustände zu verlängern. Die Instrumente der modernen Medizin haben die grausam-gnädigen Lösungen früherer Zeiten wie den raschen Tod durch eine Lungenentzündung bei längerem Liegen zu einem Fall unterlassener Hilfeleistung gemacht.

Ein Teil des Widerspruchs zwischen der vorherrschenden Expertenmeinung und dem Votum der Bevölkerung lässt sich wohl auch daraus verstehen, dass die Wahl eines helfenden Berufs ihrerseits eine gewisse Nähe zur Depression einschließt. Wer selbst Erfahrungen mit den depressiven Qualitäten des Erlebens hat und diese zu bekämpfen gewohnt ist, wird dem zum Tod Entschlossenen den einfühlenden Dialog eher verweigern als gewähren.

Das Leben ist das letzte und höchste Opfer, das Wichtigste, was ein Mensch hat; er kann es nur einmal einsetzen. Unser Erleben ist flüchtig und widersprüchlich, Gefühle, Urteile, Werte wandeln sich. Der Tod ist definitiv. Wie an den Gräben zwischen den Kontinentalschollen Erdbeben und Vulkanausbrüche drohen, so gibt es auch keine Stabilität an diesem Bruch zwischen dem so wandelbaren Seelischen und dem Todesschritt, der nicht wieder rückgängig gemacht werden kann.

Müssen wir gegen dieses Definitive eine ebenso definitive moralische Mauer aufbauen, Todeswünsche nicht zu unterstützen, da sie doch im wandelbar Seelischen wurzeln? Das gelingt nur einer Moral, die überzeugt ist, ihren Kontext entbehren zu können. In unserem Leben sollte die Frage nach einem sozial respektierten und unterstützten Schritt vom Leben in den Tod offenbleiben dürfen.

11 / Gottesbund, Erdenschmerz

Ein Kölner Landgericht definierte 2012 die Beschneidung von Kindern als Körperverletzung. Der Eingriff sei rechtlich nur dann unbedenklich, wenn er von einem mündigen Individuum in freier Entscheidung gewollt und von einem Arzt durchgeführt wird. Es erhob sich ein Sturm der Entrüstung; jüdische und muslimische Sprecher fühlten sich in ihrem Eltern- und Existenzrecht bedroht.

Die Argumente gingen wild durcheinander. Das Gericht hatte nicht über Religion und Sinn oder Unsinn der Beschneidung entschieden, sondern nur konstatiert, *dass es sich um eine Körperverletzung handle*, die an nicht zustimmungsfähigen Kindern vorgenommen wird.

Dennoch wuchs die Erregung der Debatte und konzentrierte sich schnell auf den »religiösen« Aspekt, der ja auch in anderen Fällen den Helikopter energischer antreibt als jeder andere. Die Debatte über Wohltat und Trauma der Beschneidung von Säuglingen oder Kindern wurde jetzt nach einem langen, eher unbeachteten Vorlauf in Fachbüchern[29] und Blogs öffentlich und intensiv geführt. In ihrer Vorgeschichte richtete sich die Kritik primär nicht gegen das religiös fundierte Ritual im Judentum und im Islam, sondern gegen eine angeblich »hygienische« Routine im angelsächsischen Raum.

Beschnittene Männer berichten in Psychotherapien manchmal darüber, dass sie unter dem Gefühl leiden, es sei ihnen ohne ihr Einverständnis etwas weggenommen worden. Von den Beschneidungsgegnern wurden der Vorhaut wichtige erotische Funktionen zugeschrieben: Sie erleichtere die Penetration und erhalte die sexuelle Erregbarkeit. Die weltlichen Befürworter des Eingriffs konterten vor allem mit ihrer Erfahrung, sexuell keineswegs etwas zu vermissen und führten auch hygienische Vorteile der Beschneidung an.

Routine Infant Circumcision (RIC) – routinemäßige Neugeborenenbeschneidung – ist eine Praxis, die um die Mitte des 19. Jahrhunderts eingeführt wurde, um die in der prüden viktorianischen Gesellschaft verpönte Masturbation zu erschweren. Die Anfänge der »hygienischen«, sexualfeindlichen Beschneidungen liegen in Großbritannien, wo Vorhaut, aber auch Klitoris bereits dem Kampf gegen die Masturbation zum Opfer fielen, lange ehe die Chirurgen sich an die erste Blinddarmoperation wagten. Bis heute sind in den USA die meisten Männer beschnitten; allerdings nimmt die Zahl der Eltern ab, die das wünschen.

In Großbritannien wurde aufgrund einer ausführlichen Untersuchung des Themas im *British Medical Journal* 1949 entschieden, dass im staatlichen Gesundheitssystem die Zirkumzision nicht mehr kostenfrei sei, weil es sich um keine sinnvolle medizinische Maßnahme handle. Seither ist die Zahl der beschnittenen Männer dramatisch gesunken. In den Niederlanden, in Finnland, in Schweden wurde die Beschneidung im Säuglings- oder Kindesalter durch die medizinischen Standesorganisationen abgelehnt.

Hat die Beschneidung in den entwickelten Ländern wirklich nicht das Geringste mit dem zu tun hat, was afrikanische Mütter Mädchen antun? Da die Beobachter vor lauter Empörung kaum gefragt haben, *warum* sie das tun, konnten sie auch nicht entdecken, wie sich die Antworten mit denen aller Beschneidungsbefürworter decken: Der Eingriff ist harmlos, wer das Ritual nicht durchlebt hat, ist nicht richtig, gehört nicht in eine Gemeinschaft, die sich ihre Tradition nicht wegnehmen lassen will.

In Stammestraditionen sind Beschneidungen von Jungen und Mädchen ein Initiationsritual. Es schmerzt, blutet, heilt, dann sind die Opfer richtige Frauen und richtige Männer. Es gibt Schäden, die niemanden veranlassen, das Ritual infrage zu stellen, solange die Kultur geschlossen bleibt.

Religionshistorisch ist es die reine Defensive, wenn behauptet wird, die Beschneidung von männlichen Säuglingen im jüdischen, von Knaben im muslimischen Ritual sei etwas *ganz anderes* als die Beschneidung der Mädchen in Nordafrika. Meike Beier, die sich lange mit dem Thema beschäftigt hat, bringt gute Gründe gegen diese Zweiteilung vor.[30] Warum soll die Beschneidung des Penis letztlich akzeptabler sein? Weil die Kulturen, in denen sie praktiziert wird, fortschrittlichere Werkzeuge und Methoden haben? Weil sie uns vertrauter sind oder weil bei Säuglingen keine offensichtliche Gewalt nötig ist und ihr Schreien anders gedeutet werden kann? Oder weil es selbstverständlicher ist, dass Frauen Opfer sind? Weil Frauen eher über (seelische) Verletzungen sprechen, während Männer heroisch leugnen, dass ihnen etwas Angst macht?

»Ist nicht ein Angriff auf die Geschlechtsorgane eines Kindes aus moderner, ethisch-menschenrechtlicher Sicht prinzipiell inakzeptabel, ob Junge oder Mädchen, ob OP-Tisch, Desinfektionsmittel und Narkose oder Lehmhütte, rostige Rasierklinge und rohe Gewalt, ob marginale oder katastrophale Auswirkungen auf Gesundheit und Sexualität, ob hochentwickelt-wissenschaftliche oder primitiv-kultische Rechtfertigung?«[31]

Inzwischen treten auch afrikanische Frauen an die Öffentlichkeit, welche eine (die Klitoris erhaltende) Beschneidung als ihr gutes Recht vertreten und die Diskriminierung infrage stellen, dass junge Männer nach der Beschneidung als Prinzen gefeiert und beschenkt werden, während junge Frauen leer ausgehen und kein Ritual sie würdigt. Wenn die Beschneidung den Bund mit Gott symbolisiert – sollen dann Frauen nicht mit ihm verbunden sein? Sind sie nicht ebenso wichtig wie die Männer?

Inzwischen ist in einigen Ländern, in denen sie praktiziert wurde, die Beschneidung der Mädchen gesetzlich verboten. Verstöße werden aber nicht verfolgt. Befragte Opfer scheinen vielfach längst nicht so schockiert zu sein, wie es ihre Retter und Retterinnen erwarten. Sie behaupten etwa, ihr Genital sei nach der Beschneidung schöner. »Kosmetisch« gleicht das Ergebnis vieler Mädchenbeschneidungen, man kann es kaum glauben, aber es ist doch wahr, der chirurgischen Kosmetik, welche Frauen in Kalifornien ihren Genitalien angedeihen lassen. Häute, Falten und Haare, welche die Natur uns schenkt, gefallen dem designverwöhnten Auge der Moderne nicht mehr. Die Beschneidung entfernt »Überflüssiges« und hebt dadurch das Notwendige hervor.

Dass dieses Überflüssige mit Lust zu tun hat, das Notwendige mit Funktion, ist ein Aspekt, von dem sich viele Religionen bis heute nicht befreit haben. Wer Macht ausüben will, muss Lustfeindlichkeit produzieren. Wer nicht auf Befehl Schmerzen riskiert, wird immer ein schlechter Krieger bleiben. Zur Rechtfertigungsideologie der Mädchenbeschneidung gehört: Nur so seien Frauen fähig, Kinder zu bekommen und den Schmerz der Geburt zu ertragen.

Die Beschneidung der Säuglinge fügt sich gegenwärtig in die Praxis vieler Religionsgemeinschaften ein, bindende Rituale möglichst früh zu vollziehen. Das wird meist damit gerechtfertigt, dass den Kindern sofort nach der Geburt die Zugehörigkeit zur Glaubensgemeinschaft geschenkt werden soll. Es könnte aber auch bedeuten, dass Entscheidungen über Mitgliedschaft oder Distanz nicht von dem später erwachenden kritischen Geist überprüft und womöglich abgelehnt werden.

Wenn ich als Kind ein qualvolles Ritual ertragen musste, um »richtig« zu sein, gerate ich in einen tiefen inneren Widerspruch, wenn andere dieses Ritual nicht vollziehen, sich den Schmerz ersparen und dann behaupten, sie seien »richtiger« als ich. Aus diesem Grund ist die Beharrungskraft der Rituale groß.

In der totemistischen Urszene des freudschen Mythos erschlugen die Söhne den Vater, der die Frauen der Gruppe alle für sich haben wollte. Freud hat seine Söhne nicht beschneiden lassen, aber in *Totem und Tabu* interessanterweise die Beschneidung nirgends erwähnt, obwohl sie doch von allen modernen Ritualen am eindeutigsten in eine solche archaische Vorzeit zurückweist.

Wer darauf hinweist, dass ein Akt traumatisch sein kann, kann die Weisheit und den Humor nicht mitliefern, die notwendig sind, um Familienbeziehungen nicht durch Vorwürfe zu vergiften.

Das Kölner Gericht hat in dem Einzelfall, der so viel aufgewirbelt hat, letztlich salomonisch entschieden: Beschneidung aus religiösen Motiven ist Körperverletzung, wird aber nicht bestraft. Darin steckt eine Güterabwägung, die in den späteren Debatten und in der pathetisch vorauseilenden Aussage vom Ende des jüdischen Lebens in Deutschland wieder verloren ging und sich erst beruhigte, als der Bundestag die Straffreiheit der religiösen Beschneidung wieder sicherstellte.

Hier prallen zwei Rechtsgüter aufeinander, die Religionsfreiheit und das Recht auf körperliche Unversehrtheit. So eindeutig in einem neutralen sozialen Feld die Ablehnung der Beschneidung Unmündiger ausfallen wird, so problematisch wird sie, wenn sich Polizei und Staatsanwalt in Familien einmischen, die aus tiefer Überzeugung glauben, das Beste für ihre Kinder zu tun. Dadurch würden seelische Schäden angerichtet, die wohl schlimmer sind als die einer Beschneidung, die von der Familie als notwendig und heilsam in ihren Alltag eingebettet wird.

Das Verbot einer Körperverletzung an Zustimmungsunfähigen richtet sich nicht gegen religiöse Überzeugungen. Allerdings würde es Strömungen unterstützen, die sich gegen die religiöse Beschneidung richten, wie den Verein Ben Schalem (unversehrter Sohn), den Jonathan Enosch in Israel gegründet hat.

Wenn ein Psychotherapeut ein seelisches Trauma betont und sich entschieden auf die Seite der Opfer stellt, sollte er sich vor dem Absolutismus hüten, dass er damit diesen Opfern Gutes tut. In einer traditionell geprägten Kultur wird niemand die Beschneidung in einer Expertise als »traumatisierend« beschreiben. Sobald das geschieht, taucht auch eine Belastung auf, die den Betroffenen bisher erspart geblieben ist. Sie müssen sich entscheiden, ob sie der Deutung folgen wollen, sie hätten ein Trauma erlitten, oder aber ob sie sich ihr verweigern und dabei bleiben, dass sie etwas Normales erlebt haben.

So wird die Welt, in der die Beschneidung als mögliches Trauma beschrieben wird, sich von einer Welt unterscheiden, in der diese Beschreibung noch nicht möglich ist. Und es ist nicht garantiert, dass die Welt durchweg besser wird, wenn wir zu den bereits vorhandenen Akzenten auf Traumatisierungen einen neuen hinzufügen.

Jeder forschende Therapeut weiß, dass Menschen extrem unterschiedlich auf äußerlich identische Verletzungen reagieren. Wenn ein schwerer Stein auf den Fuß fällt, werden die Zehen aller Menschen verletzt, und es wird immer geraume Zeit dauern, bis die Wunden, Quetschungen und womöglich Knochenbrüche heilen. Aber während bei dem einen Verletzten Wunden und Knochenbrüche problemlos heilen, entwickelt ein anderer Kranker chronische Schmerzen. Er schreibt die Schuld an dem Unfall einem Dritten zu, richtet gegen diesen oder eine Versicherung Entschädigungswünsche, nimmt die Schmerzen als Anlass, nicht an eine ungeliebte Arbeitsstätte zurückzukehren.

Aus allen Wunden will das erlebende Ich eine Lehre ziehen. Es fühlt sich aufgerufen, nicht nur das Trauma auszuheilen, sondern seine Wiederholung zu vermeiden. Seelische Wunden können sozusagen künstlich offen gehalten und immer wieder reinszeniert werden. Ihre Bedeutung darf sich nicht verbrauchen, ehe nicht genügend Sicherheit gewonnen ist.

Nach den Kenntnissen aus der Psychotherapie Traumatisierter überwinden die Opfer ihre seelischen Verletzungen leichter, wenn sie ihnen eine für ihre Entwicklung neutrale oder sogar positive Bedeutung geben können. Ebenso hilfreich sind positive Erfahrungen schlechthin. Wer hingegen deprimiert ist und erkennen muss, dass er seine Lebensziele nicht erreichen wird, dem zählt jede Verletzung doppelt und dreifach.

12 / Die Abschaffung der Tragödie

Ödipus erhält ein Orakel, er werde seinen Vater töten und seine Mutter heiraten. Da er nicht ahnt, dass seine Eltern ihn adoptiert haben, will er dem geweissagten Unheil entgehen und flieht aus seiner Heimat nach Norden. Dort erschlägt er in einem Streit einen fremden König – seinen leiblichen Vater –, besiegt ein Ungeheuer und heiratet eine verwitwete Königin – seine Mutter.

Das Orakel hätte sich ohne Ödipus' Gegenwehr nicht erfüllt. Es erinnert an solche Mythen, wenn gerade der Versuch, Terrorgefahren zu begegnen, im März 2015 eine neue Form von Terror ermöglicht hat. Die gegen den Terroristen vorgeschriebene »sichere« Tür, die nur von innen freigegeben werden kann, ermöglichte es dem Kopiloten eines voll besetzten Passagierflugzeugs, in tödlicher Ruhe auf eine Felswand zuzurasen. Der zweite Pilot hatte seinen Platz kurz verlassen und konnte nichts mehr tun, als gegen die Panzertür zu trommeln.

Wer in den aufgeregten Tagen nach dieser Tragödie die Kommentare studierte, entdeckte typische Muster der Helikoptermoral: absolutes Unverständnis, Larmoyanz über die Rätsel der Seele, Anklage gegen die Grausamkeit eines Täters, der 150 Unschuldige mit in den Tod nimmt. Ganz schnell kamen auch Ratschläge zu einer Vorbeugung von eben der Qualität der

Tür, die nur von innen geöffnet werden kann. Auf der Pegida-Website überboten sich Kommentatoren in der Überzeugung, der Täter sei entweder verrückt oder ein islamischer Konvertit, gefolgt von höhnischer Zustimmung: Das mache doch keinen Unterschied, sei ohnehin ein und dasselbe.

Wenn ein Pfau sein Rad schlägt, wird der Moralist Eitelkeit am Werk sehen, der Biologe die natürliche Zuchtwahl. Menschen wollen Aufmerksamkeit; ihre Schmuckfedern sind im guten Fall Krawatten und Abendkleider, im bösen Dynamit und Maschinengewehre. In der Auseinandersetzung mit dem 11. September wurde den nachdenklicheren Betrachtern klar, dass solche Exzesse der Destruktion auf beunruhigende Weise modern sind. Sie gehören in die Eventkultur und zu den Massenmedien, sie haben nichts mehr mit traditionellen religiösen Mustern (»Heiliger Krieg«) zu tun.

Der Selbstmordterror und der (Schul-)Amoklauf junger Menschen sind beides Aktionen, die mit der modernen Rolle des Prothesengottes zusammenhängen, wie Freud den von seinen Geräten immer abhängigeren Menschen nannte. Ein Amoktäter ohne Sprengstoff, ohne automatische Schusswaffe kann Schaden anrichten, doch ist dieser kleiner im destruktiven Ergebnis und erfordert mehr persönlichen Mut in der Ausführung als etwa Breiviks Mordorgie in Norwegen. Wer sich still in einer Ecke entleiben würde, ist zwar von der Last seiner Lebensängste befreit, aber er findet wenig Aufmerksamkeit. Die Macht der narzisstischen Bedürftigkeit ist vielleicht die unheimlichste Qualität in Taten wie der des Kopiloten der German-Wings-Maschine.

In kaum einem Beruf, ausgenommen vielleicht dem des Chirurgen, werden seelische Probleme und ihnen folgende Gefahren für die Arbeitsfähigkeit, wie der Konsum von Psychopharmaka oder Alkohol, so energisch verleugnet wie unter Piloten. Fliegen ist für den Menschen ein Traum. Wer ihn sich beruflich erfüllen kann, festigt in der Regel eine professionelle Haltung gegenüber narzisstischen Verführungen. Aber das erreichte Gleichgewicht ist prekär. Auch wenn es meistens gelingt, den Kindertraum vom Fliegen in eine berufliche Rolle umzuwandeln: Diese Transformation ist weder leicht zu vollziehen noch einfach zu erhalten.

Man kann davon ausgehen, dass ein solcher Täter die Fantasie über seinen Untergang als Geheimplan in sich trägt und in der Beschäftigung mit diesen Gedanken auch etwas wie inneren Frieden findet. Die Fachleute sprechen von einer Einengung des Denkens. Dazu gehört auch eine Endzeitstimmung, die sich gegen die eigene Person richtet und ausblendet, was die Tat bei Dritten bewirkt. Der Pilot fühlt sich eins mit seinem Flugzeug. Er hat erlebt, wie ihn sein Beruf aufwertet. Umso schlimmer ist für ihn die Fantasie, fluguntauglich zu sein. Diese Kränkung muss gerächt werden – am eigenen Ich und an seinen Prothesen. So banal es klingt, so grausam sind die Folgen: Der 27-jährige Kopilot hat in den letzten Stunden seines Lebens nur an sich gedacht.

Wer sich dem Flug in einem Jet aussetzt, kann oft die Fantasie nicht mehr neutralisieren, einem undurchschaubaren Konglomerat ausgeliefert zu sein. Er weiß etwas von Physik, aber seine Kenntnisse reichen nicht aus. Sie sind allenfalls so gründlich, dass er ahnt, wie abhängig auch alle anderen davon sind, dass die Technik funktioniert und nicht ein Fehlerfunke zum Flächenbrand wird.

Aus diesem Grund ist der Moderne die Tragödie abhandengekommen. Ein tragisches Ereignis, das niemand voraussehen und verhindern kann, weckt nicht Ehrfurcht, Trauer und das gute Gefühl, selbst davongekommen zu sein. Es weckt die hektische Suche nach einem Fehler und nach einem Schuldigen. Wenn wir den Schuldigen finden, ihn bestrafen, ihn energisch genug aus dem Spiel nehmen – »einsperren, und zwar für immer!« –, können wir die Tragödie ungeschehen machen.

Der depressive Pilot ist eine tragische Figur, ein absoluter Einzelgänger und Einzeltäter, der nicht nur sich selbst seinem grandiosen Traum opfert, sondern seine Pflicht, die ihm anvertrauten Passagiere sicher ans Ziel zu bringen, in ihr mörderisches Gegenteil verkehrt. Für die Opfer macht es keinen Unterschied, ob diese Form der individualisierten narzisstischen Überlastung ihm den Tod bringt oder ob es die Regression in eine primitive Glaubenswelt ist, die den Wunsch geweckt hat, als Märtyrermörder für ein Kollektiv zu sterben. Die seelische Dynamik der Erlösung aus einer Krise des Selbstgefühls ist in beiden Fällen verwandt. Des Piloten bemächtigt sich eher die Psychiatrie, des Terroristen die Politik, beider aber die moralische Erregung. Sie führt zu dem Wahn, solchen Ereignissen vorzubeugen, der viel mehr Kraft verzehrt und im Fall des Terroristen auch weit mehr Leben kostet als die Bereitschaft, die Tragödie zu erkennen. Wer versucht, Tragödien zu verhindern, richtet durch unkluge Gegenmaßnahmen noch mehr Schaden an. Er reagiert auf ein Ereignis, das durch verengtes Denken entstanden ist, mit einer organisierten Gegenverengung, die am Ende mehr Opfer fordert als die erste Verengung – im Fall des 11. September der nun einsetzende »Krieg gegen den Terror« anstelle normaler Polizeiarbeit.

Um solche Ereignisse einzuschränken, müssten wir die Welt nicht durch noch mehr moralische Regeln und Erregungen komplizierter machen, wir müssten sie wieder übersichtlicher, stabiler, durchschaubarer gestalten. Wir müssten das Einfache wiederfinden und das Komplizierte zurückbauen.

Kant hat die schöne Metapher vom krummen Holz entwickelt, aus dem nichts Gerades gezimmert werden könne.[32] Das war der Gedanke einer vorindustriellen Welt; Kants Denken mit seinen wenigen Grundsätzen und seinem Beharren auf Würde ist ein Gegenmodell zur Helikoptermoral von heute. Aber die Bedingungen haben sich extrem verändert. Kants Metapher hat eine solide, handwerkliche Qualität. Er hat die Schiffsbauer in Königsberg beobachtet. Sie ernteten das Holz in Eichenwäldern, in denen Bäume zu krummem Wachstum gezwungen wurden, um Spanten für den Rumpf eines Schiffes zu gewinnen.

Seit die Welt der Dinge sich in atemberaubendem Tempo erweitert und verändert, haben wir den handwerklichen Umgang mit den moralischen Fragen (und letztlich auch mit der menschlichen Belastbarkeit) verloren. Wir sind nicht Prothesengötter, sondern Prothesensklaven; die Prothesen sind nicht nur stärker, sondern vor allem auch schneller als wir, und deshalb können wir nicht mehr Schritt halten mit ihnen. Und wenn wir es versuchen, werden unsere Urteile hastig und unsere Gegenmaßnahmen richten mehr Schaden an als das tragische Ereignis selbst.

Hier wird die narzisstische Motivation hinter der Helikoptermoral besonders deutlich. Indem die tragische Qualität des menschlichen Lebens geleugnet wird, hypertrophiert die moralische Erregung zu hektischen Forderungen an »Verantwortliche«. Wer auf dem Weg stolpert und sich den Knöchel bricht, denkt nicht mehr über sein Pech oder sein Ungeschick nach, sondern sucht nach einem Schuldigen, von dem er Wiedergutmachung seines Schadens einklagen kann.

Es wird nicht gemeinsam über den Schatten getrauert, den die Hybris des Menschen wirft und in dem so viele Gefahren gedeihen – es wird nach Regeln und Konstruktionen gesucht, die diese Gefahr beseitigen und damit neue Gefahren schaffen. Gleichzeitig melden sich Anwälte, die Leid zu Geld machen und so für eine kalte »Entschädigung« sorgen wollen. Sehr viel wichtiger und hilfreicher als neue Regeln und Konstruktionen, die Sicherheit erzwingen sollen, wäre es aber, die Kreativität und die Improvisationstalente im Arbeitsfeld zu fördern, um künftigen Gefahren zu begegnen. Der Helikoptermoral entspricht ein Phänomen, das im angelsächsischen Sprachraum *hindsight* genannt wird, symmetrisch zur Voraussicht oder Vorausschau *(foresight)*, die es auch im Deutschen gibt.

Wer aus der *hindsight* doziert, macht sich des billigen geistigen Triumphes verdächtig. Dennoch ist diese Argumentation in der Helikoptermoral höchst beliebt. Sie fördert Denkweisen, von denen die Konsumenten kaum genug kriegen können: Beweise der eigenen geistigen Überlegenheit gegenüber den Verantwortlichen, die einen Fehler gemacht haben und nun dumm dastehen.

Das Symposion narzisstischer Triumphe, zu dem Besserwissen und Medien laden, hat seinen Preis. Es macht ja nicht reifer, über die Unreife anderer zu triumphieren, es macht ängstlicher, abhängiger. Bessere Politik, bessere Regeln und Gesetze sollen verhindern, dass sich eine Katastrophe wiederholt. Als ob es an einem Mangel an moralischer Rhetorik und Werteposaunen liegen würde, wenn Staaten scheitern und Revolutionen vor die Hunde gehen.

Die Helikoptermoral verspricht, wir könnten uns gleichzeitig überlegen fühlen und in eine bessere Zukunft steuern. Doch die Wahrheit rudert in die Gegenrichtung. Je mehr moralische Dünkel und plakative Überreaktion, desto mehr wird das Übel wachsen. Denn die proklamierten Gegenmaßnahmen beruhen nicht auf Einsicht in die eigenen Anteile an diesem Übel oder die tragischen Qualitäten der Situation, sondern auf deren Leugnung. Und damit werden Druck und Gegendruck, Entwertung und Gegenentwertung gesteigert.

Helikoptermoral ruft immer nach schärferen Strafen. Auf diese Weise wird die Einsicht abgewehrt, dass es tragische Entwicklungen gibt, die in eine Katastrophe münden. Der identifizierte Sündenbock und seine möglichst vollständige Entwertung werden uns nichts mehr zur Prophylaxe sagen. Wir können uns nicht in ihn hineinversetzen und verlieren somit die meisten Möglichkeiten, in jene Grenzzone vorzudringen, in der Gut und Böse noch miteinander ringen und ein anderer Ausgang möglich wäre.

Wenn die ferngelenkte Rakete den Verdächtigen tötet und mit ihm unschuldige Frauen und Kinder, deren Tod als *collateral damage* gerechtfertigt wird, dann haben die Terroristen ihr Ziel erreicht: Der Feind ist nicht besser als sie. Polizeimaßnahmen, Auslieferungsanträge, völkerrechtlich kontrollierter Druck sind langsamer und weniger spektakulär. Sie können scheitern und fordern den Verzicht auf schnelle Rache. Aber sie fördern eine ethische Haltung, die das Problem verkleinert.

Indem die Helikoptermoral das Versagen der Politik und/oder Justiz unterstreicht, baut sie eine gefährliche Illusion auf: Wenn die Politiker ihre Arbeit perfekt erledigen, dann sind wir sicher. Und indem wir sie anklagen, sobald uns ein Übel trifft oder auch nur treffen könnte, tun wir auch schon alles, was notwendig ist, um Gefahren abzuwenden. Aber leider kann uns der schönste Gesetzestext nicht vor radioaktiven Wolken aus explodierenden Kraftwerken schützen, die nach allen Regeln der Technik und Rechtsprechung gebaut wurden.

Angesichts eines grausamen Ereignisses nur erschüttert zu sein und die Bewältigung ohne weiteres Geschrei den vorhandenen Institutionen und den bestehenden Gesetzen zu überlassen, das weckt bei den Teilhabern an der Helikoptermoral bereits den Verdacht, das Geschehen zu bagatellisieren und womöglich insgeheim die Interessen der Täter zu vertreten. Hier hat sich eine Sicht auf den Regelverstoß eingeschlichen, die wohl auch zu dem beklagten Verlust an rechtsstaatlicher Prozessführung beiträgt. Ein Staatsanwalt, der pflichtgemäß in alle Richtungen ermittelt und auch nach Entlastungsgründen für den Täter sucht, zieht genau diesen Verdacht auf sich. Der abwägende Blick ist nicht willkommen. Parteinahme für das Opfer und Dämonisierung des Täters stehen für das lärmende Bedürfnis, das Trauma ungeschehen zu machen, indem der Schuldige gefunden und schnellstens, strengstens bestraft wird.

Während Strafe, Rache und Entschädigung die Betroffenheit durch ein traumatisches Geschehen durch (Schein-)Lösungen beenden, wird der Blick durch das Zulassen eines tragischen Geschehens länger verweilen, weiter reichen und tiefer eindringen. Wo wir nach schnellen Antworten suchen, gibt es keinen Raum für Kreativität und kein Verständnis des Ganzen.

Der englische Dichter John Keats schrieb kurz vor Weihnachten 1819 in einem Brief an seine Brüder: »Und mit einem Mal fiel mir auf, welche Eigenschaft den großen Mann formt, vor allem in der Literatur, und welche Shakespeare in so hohem Maß besessen hat – ich meine eine Nicht-Fähigkeit, das heißt, wenn ein Mann fähig ist, in Unsicherheiten, Geheimnissen, Zwei-

feln zu bestehen, ohne reizbar nach Tatsachen und Vernunft-
gründen zu greifen.«

Wilfred Bion hat die hier von Keats konzipierte *negative ca-
pability* als Erster in ihrer Bedeutung für die sozialen Berufe erkannt. Er beschreibt mit diesem Begriff die Fähigkeit, innere
Widersprüche von Menschen aufzunehmen und zu »halten«.
Wem es gelingt, widersprüchliche Affekte in sich aufzunehmen,
der kann Gekränkte unterstützen, einen Affektsturm ohne Schaden zu überstehen.

Da Aktionismus Angst bindet und ein Gefühl eigener Macht
verleiht, fällt es Menschen in emotional aufwühlenden Situationen leichter, etwas zu tun, als sich einzugestehen, dass sie keine
Lösung wissen. Die Nicht-Fähigkeit ist gerade nicht das große
Gute, aber sie weist in vielen Situationen den Weg zum kleineren Übel, zur unvollkommenen Lösung, wo das Streben nach
Perfektion in Kontaktabbruch und Destruktion führt.

Das Wort »Kompetenz« signalisiert seine eigene Problematik. Es kommt von dem lateinischen *competere* und gibt der neutralen »Fähigkeit« den Beigeschmack von »zum Wettbewerb«.
Versuchen wir es mit einer Dreiteilung:

- *Vorhandene* Kompetenz ist nützlich.
- *Eingestandene* Nicht-Kompetenz belastet das Selbstgefühl
  und ist potenziell produktiv.
- *Eingebildete* Kompetenz entlastet das Selbstgefühl, ist un-
  produktiv und potenziell gefährlich.

Die Unfähigkeit, sich Nicht-Kompetenz einzugestehen, ist das
zentrale Problem der Gegenwart. Eingebildet Kompetente »lösen« die Energieprobleme, indem sie unkalkulierbare Risiken

schaffen. Sie versprechen Gläubigern, Schulden zurückzuzahlen, und Gläubigen, das Kalifat zu erneuern. Sie trauen es sich zu, einen Krieg zu gewinnen. Sie behaupten jederzeit und überall, durch hektische Werturteile und Sündenbocksuche die Welt zu bessern.

Ob es um Lehrer und Schüler, um Vorgesetzte und Mitarbeiter geht – fast immer gibt es einen Bereich echter Kompetenz. Aber dieser Bereich hat Grenzen; oft sind sie enger, als es der narzisstischen Fantasie beliebt. An diesen Grenzen innezuhalten und die eigene Nicht-Fähigkeit zuzulassen, bleibt eine Aufgabe, mit der wir wohl ein Leben lang ringen werden. Denn allzu verführerisch ist es doch, den Nimbus der eigenen Kompetenz auch dort nicht aufzugeben, wo er sein Fundament verloren hat.

13 / Der Schaden durch die Schadensstrafe

Je nach Interessenlage fassungslos oder begeistert betrachten wir, wie in den USA Schadensersatzprozesse die Flügel der Moralhelikopter vergolden. Mit höchsten Strafen und dramatischen Inszenierungen geräuschvoll einzelne Täter abzustrafen, ohne an den Umweltzerstörungen der Konsummaschinerie selbst etwas zu verändern, das weckt Begehrlichkeiten auf der einen Seite, Abwehrmaßnahmen auf der anderen.

Eine der höchsten Summen in jüngerer Zeit sollte General Motors zahlen: 4,9 Milliarden Dollar an sechs Insassen eines Chevrolets. Sie erlitten Verbrennungen, weil ein Betrunkener auf ihren Wagen prallte, worauf dessen Tank explodierte. Die Jury ließ sich überzeugen, dass der Hersteller wider besseres Wissen versäumt hatte, die Konstruktion dieses Modells zu verändern.

Ein anderer Fall betraf eine Frau, die am Arbeitsplatz belästigt worden war. Kollegen dekorierten ihren Schreibtisch mit anzüglichen Fotografien; einer urinierte auf ihre Arbeitskleidung. Weil der Arbeitgeber ihre Beschwerden ignorierte, wurde die betreffende Firma in Detroit im Juli 1999 zu einer Schadensersatzsumme von 21 Millionen Dollar verurteilt.

Solche Summen werden in Revisionen manchmal zurechtgestutzt oder durch einen Vergleich reduziert. Sie formulieren eine Haltung, die inzwischen auch in Europa spürbar wird, dem das amerikanische Konzept der Strafe für den Schadensverursacher *(punitive damage)* im Zivilprozess bisher fremd war.

Schmerzensgeld und Schadensersatz sollen im europäischen Recht kompensieren, was dem Geschädigten zugefügt wurde. Im amerikanischen geht es darum, dem Täter einen Denkzettel zu verpassen, wobei große Gegner (wie reiche Firmen) auch mit einem dicken Knüppel geprügelt werden. Ein Beispiel dafür waren die vier Millionen Dollar, zu denen BMW Amerika wegen der verheimlichten Nachlackierung eines Neuwagens verurteilt wurde.

In großen Kliniken warten zielstrebige Anwälte in den Lobbys der Krankenhäuser auf unzufriedene Patienten. Für ihren Anteil an der Beute – meist 50 Prozent der Schadensersatzsumme – kann sich das Aufgebot an Gutachtern, Privatdetektiven und theatralischer Inszenierung lohnen.

Die amerikanische Medizin gehört zur teuersten der Welt. Gynäkologen zahlen hohe Versicherungsprämien, um das Risiko abzudecken, dass sie für einen durch Sauerstoffmangel während der Geburt entstandenen Schaden des Kindes haftbar gemacht werden. Diese Versicherung kostet im Schnitt um die 50 000 Dollar, in den juristischen Hochrisikogebieten wie Chicago oder New York liegt sie bei etwa 150 000 Dollar.

Diese Steigerung korreliert mit einer ebenfalls weit überdurchschnittlichen Zahl von Kaiserschnitten. Je mehr der Gynäkologe einen Prozess wegen eines Kunstfehlers fürchtet, desto öfter vermindert er das Risiko einer Geburt durch einen Kaiserschnitt. Der Grund dafür ist nicht nur, dass sich die Geburt durch eine operative Technik besser kontrollieren lässt. Es ist vor allem auch der, dass die Operation dem Gynäkologen ein erheblich höheres Honorar einträgt, das er braucht, um seine Versicherungsprämie zu bezahlen. Es ist eine Art Wettrüsten entstanden: Um sich vor den Angriffen der Helikopter zu schützen, muss aufgerüstet werden.

In Befragungen gestehen inzwischen über 90 Prozent der amerikanischen Ärzte, dass sie defensive Medizin praktizieren. Besonders in Notfallmedizin, Allgemeinchirurgie, Orthopädie und Neurochirurgie, Geburtshilfe, Gynäkologie sowie Radiologie geht es in erster Linie darum, Haftungsklagen zu vermeiden. 92 Prozent der befragten Ärzte überwiesen Patienten aufgrund dieser Furcht zu Untersuchungen, die sie für überflüssig hielten. Fast die Hälfte der in Pennsylvania (einem Bundesstaat mit besonders hohen Versicherungsprämien) befragten Ärzte sagte, dass sie in den letzten drei Jahren ihren Praxisumfang verringert hätte, um komplikationsträchtige Behandlungen zu vermeiden.[33]

Auf dem Weg in die defensive Psychotherapie

Wenn sich die ärztliche Heilkunde in den letzten Jahrzehnten in eine defensive Medizin verwandelt hat, so macht sich die Psychotherapie gerade auf den Weg, es ihr gleichzutun. Beide reagieren auf die Helikoptermoral. Angst ist ein schlechter Ratgeber, wenn ein Arzt oder Psychotherapeut leidenden Menschen helfen soll.

Der Arzt verschreibt ein Medikament; der Patient liest den Beipackzettel und nimmt es nicht: Er hat Angst vor den Nebenwirkungen. Exakte Zahlen sind schwer zu gewinnen, aber Kenner schätzen, dass ungefähr die Hälfte der verschriebenen Medikamente in den Müll wandert. Aber darf ein Arzt oder Apotheker empfehlen, den Beipackzettel des Medikaments nicht zu lesen? Vermutlich nur unter der Hand. Wie lästig defensive Beratung werden kann, wissen inzwischen auch die meisten Bankkunden. Ich möchte einen Geldbetrag anlegen, weiß genau, was ich will, und muss doch viel Zeit mit den Formalien vergeuden. Der Berater meiner Sparkasse will dokumentieren, dass er mich über die Risiken aufgeklärt hat, und er ist ein pflichtbewusster Mann.

Der freundliche Augenarzt hat mir gesagt, dass die von ihm vorgeschlagene Staroperation eine winzige Komplikationsrate hat. Ich sehe ihr beruhigt entgegen, bis mir seine Sprechstundenhilfe ein Formblatt aushändigt, dessen Empfang ich quittieren soll. Darin steht, dass ich mich über die Gefahr einer Erblindung habe aufklären lassen. Ich schlafe nicht mehr so ruhig in den Nächten vor dem Eingriff.

Im Umgang mit den Bedürfnissen kranker Menschen widersprechen sich Justiz und Psychologie dramatisch. Die emotionale Situation des Patienten ruft nach einem Helfer, der weiß, was er tut, und die Verantwortung für die vorgeschlagene Kur übernimmt, ohne Zweifel an ihr zu wecken und Ängste zu säen. Die Rechtsprechung geht von einem mündigen Bürger aus, dessen Interessen geschützt werden müssen, indem er vor der Entscheidung für eine Behandlung über alle Risiken und Nebenwirkungen aufgeklärt wird.

Wir wissen heute viel über negative Suggestionen und »Nocebo«-Kommunikationen, die dem Patienten schaden, weil sie in ihm die Überzeugung wecken, er sei schwer krank, gar unheilbar. Nocebos sind das Gegenteil der Placebos – chemisch träger Stoffe, die allein dadurch wirken, dass ein Kranker an ihre gute Wirkung glaubt. Sie helfen bei Schmerzen und Schlaf-losigkeit kaum weniger als »echte« Medikamente. Nocebos hin-gegen werden in der Tat zum Gift.

Ein verbreitetes Nocebo ist die Röntgenaufnahme der Wir-belsäule. Der Rückenschmerzpatient wird auf eine sichtbare Ver-änderung hingewiesen und »weiß« fortan, dass er Schmerzen haben »muss«. Es gibt eine Anekdote von einem prominenten Neurologen, der während einer Fortbildung eine Röntgenauf-nahme zeigt und die anwesenden Ärzte nach den Symptomen fragt, die sie mit diesem Bild verbinden. Es wird ein schwer Arthrosekranker diagnostiziert, der sich vor Schmerzen kaum rühren kann und vermutlich dauernd bettlägerig ist. Vergnügt darauf der für sein Alter bewegliche Dozent: »Liebe Kollegen, was Sie gesehen haben, ist die Aufnahme *meiner* Wirbelsäule«.

Im Jahr 2000 wurden in Deutschland die psychologischen Psychotherapeuten Mitglieder der kassenärztlichen Vereinigun-gen, die auf Länderebene organisiert sind. Sie haben wie die Ärzte Kammern gegründet, müssen einen Beitrag für die Tä-tigkeit dieser Kammern bezahlen und sind dem entsprechen-den Modernisierungsaufwand ausgesetzt, der – wie bei allen Verwaltungsapparaten – in einer steten Produktion von Vor-schriften besteht. Wer diese Entwicklung verfolgt, beobachtet nach der bereits ausgebauten defensiven Medizin, der defensi-ven Beratung in der Bank und dem defensiven Beipackzettel seines Heilmittels nun auch die Entwicklung einer defensiven Psychotherapie.

Am Anfang der therapeutischen Arbeit steht ein depressiver, verängstigter Mensch, der Entlastung in einem Gespräch sucht.

In den klassischen Empfehlungen Freuds über die Einleitung einer Behandlung wird dem Rechnung getragen. Die Zusammenarbeit beginnt »auf Probe«. Im Verlauf der Sitzungen wird sich herausstellen, welche Form der Hilfe der Kranke braucht, ob sein Anliegen realistisch ist, ob er für eine längere Behandlung motiviert ist und von ihr profitieren kann oder bereits eine Klärung der aktuellen Krise ausreicht, um ihn entlastet und besser orientiert zu entlassen.

Freud zitiert in diesem Zusammenhang einen Satz von Johann Nestroy: »Im Verlauf der Begebenheiten wird dir das alles klar werden.«

Wenn sich der Therapeut an die Empfehlungen hält, die heute von den Kammern ausgesprochen werden, dann darf das so einfühlend nicht mehr ablaufen, im Gegenteil. Vor dem Beginn der Behandlung steht die defensive Pflicht. Der Patient muss aufgeklärt werden, prinzipiell auch über das, was sich erst herausstellen wird. Angesichts der schwindenden Kreativität und Dynamik in den psychoanalytischen Vereinen wirkt mancher ethische Eifer deplatziert. Die Suche nach einer immer reineren und stärker kontrollierten Praxis verwandelt die Lehre Freuds, dem es noch um das *Unbehagen in der Kultur* ging, in das seichte Behagen, selbst auf der moralisch sicheren Seite zu stehen.

In der 2015 veröffentlichten und vom dortigen Sozialministerium abgesegneten Berufsordnung der Psychotherapeutenkammer Hessen (die sich kaum von den entsprechenden Vorschriften anderer Kammern unterscheidet) werden genannt: Art, Umfang, Durchführung, zu erwartende Folgen und Risiken der Maßnahme sowie Notwendigkeit, Dringlichkeit, Eignung und Heilungschancen im Hinblick auf die Diagnose oder die Therapie. Bei dieser Aufklärung ist auch auf Alternativen zu der Maßnahme hinzuweisen.

Therapeuten, die sich lieber auf die Symptome eines leidenden Menschen konzentrieren, werden versucht sein, ein Merkblatt auszuhändigen. Wie es der Bankberater auch tut, müssen sie dann dem Patienten ein Duplikat aushändigen, damit er weiß, was er unterschrieben hat. Die ganze Prozedur ist unsinnig und absurd. Um ihn gründlich aufzuklären, muss der Therapeut den Patienten gut kennen. Wie soll er ihn aber kennenlernen, wenn er ohne diese vorgeschriebene Aufklärung gar nicht anfangen darf, zu arbeiten?

Wer solche Vorschriften erlässt, legt ein mechanisches Verständnis von exakter Diagnose und planbarer Therapie zugrunde. Aber jedem Therapeuten ist klar und alle Studien haben es bisher bestätigt, dass die persönliche Beziehung zwischen Patient und Therapeut das wichtigste Vehikel der Intervention ist. Diese braucht Zeit und Raum zu ihrer Entfaltung; eine schematische Aufklärung hält diesen Prozess auf, stört ihn, ohne einen plausiblen Beitrag zum Ziel des Ganzen zu leisten. Es ist eine leere, ängstliche Geste, deren einzige Aufgabe der fiktive Schutz vor Schadensersatzforderungen ist.

Die Risiken einer Psychotherapie sind durchaus eindrucksvoll, wenn wir – wie in den Beipackzetteln – alle erdenklichen Gefahren nennen. Es kann sein, dass sich das Befinden verschlechtert, dass Konflikte mit Ehepartnern oder Eltern auftreten, dass Patientinnen und Patienten sich in Therapeutinnen oder Therapeuten verlieben. Es gibt eine Reihe lizenzierter und viel mehr offiziell nicht anerkannte Therapiemethoden – soll der Therapeut über alle aufklären, weil er doch verpflichtet ist, über alternative Behandlungswege zu informieren?

An dieser Stelle meint man, den Amtsschimmel wiehern zu hören. In der Medizin gibt es die konservative und die operative Behandlung. Der Orthopäde sollte den Patienten aufklären, ob er eine künstliche Hüfte braucht oder Krankengymnastik die Schmerzen bessern wird. Vergleichbares in der Psychotherapie zu finden dürfte recht schwierig sein.

Defensives Vorgehen im Gesundheitswesen schafft mehr Probleme, als es jemals lösen kann. In dem Bestreben, den verantwortungslosen Helfern das Handwerk zu legen, wird in allen Beteiligten ein Bild aufgebaut, das sie zu Misstrauen und Gefahrenabwehr zwingt. Wer aufgewühlt und verängstigt Hilfe sucht, erlebt heute sehr häufig, dass der Arzt ihn umfassend aufklärt, ihn informiert, dass alle Maßnahmen ihre Komplikationen haben und er – der Patient – gewiss selbst am besten wisse, was gut für ihn sei. Die Entscheidung liege selbstverständlich ganz bei ihm. Das ist menschlich ebenso armselig wie politisch korrekt; Vertrauen sieht anders aus. Wie weit sind wir gekommen, wenn nur der Unfallchirurg am ohnmächtigen Patienten bedenkenlos sein medizinisches Können verwirklichen kann? Muss ich als Kranker erst das Bewusstsein verlieren, damit der Arzt mich sofort behandelt und das Beste tut, was er tun kann?

Die Aufklärung des Patienten ist kein lösbares Problem. Sie ist ein echtes Dilemma, das nur durch Empathie für den Einzelfall abgemildert werden kann. Angesichts dieser Problematik wird der aufrichtige Arzt oder Therapeut immer unsicher bleiben, welche Richtung er einschlagen soll, wie er negative Suggestionen vermeiden kann, ohne falsche Hoffnung zu wecken, ob er durch seine Äußerungen den Kranken aufklärt oder ihn verunsichert, ob er eine fundierte Entscheidung fördert oder einem leidenden Menschen Angst macht und so dessen Schmerzen steigert.

Eindeutig ist nur, dass die Ärzte und nach ihnen vielleicht auch die Therapeuten auf dem Weg sind, dieses Dilemma für juristisch längst gelöst zu halten und sich vor ihm zurückzuziehen. Die jetzt gegenüber den Psychotherapeuten erdachten Forderungen laufen auf möglichst viel Diagnostik, ein Hinauszögern des Behandlungsbeginns und ebenso zeitraubende wie praktisch wertlose Dokumentationen hinaus. Wenn Psychotherapeuten den Auftrag ernst nehmen, dass ein Bemühen um die tragfähige Beziehung zu ihren Patienten das A und O des Erfolgs ihrer Behandlungen ist, dann sollten sie sich auch klarmachen, dass solche Beziehungen von Vertrauen leben. Vertrauen aber ist, wie Niklas Luhmann gesagt hat, eine riskante Vorleistung.

14 / Das zwanghafte Bewerten

Eine Tochter besucht ihre Mutter, die Frauen umarmen sich, kochen zusammen, gehen spazieren, plaudern über ihr Leben, verabschieden sich; während der ganzen Zeit ist kein Werturteil gefallen. Eine andere Tochter besucht ebenfalls ihre Mutter, sofort gibt es Kommentare: ihr Aussehen, ihre Figur – zu dick, zu dünn; ihre Kleidung – zu auffällig, zu langweilig; der neue Freund – und so weiter.

Eine erste Analyse ergibt, dass solche Bewertungszwänge in Ängsten und Neidgefühlen wurzeln, verbunden mit einer Neigung, diese Affekte impulsiv zu äußern und nicht dem Kontext einfühlend und zielorientiert (»Will ich mich streiten oder ein friedliches Wochenende verbringen?«) zu unterwerfen. Die wertende Mutter erlebt ihre Ängste und Neidgefühle nicht als etwas Eigenes, sie macht sie an der Tochter fest und tadelt diese, weil sie ihrer Vorstellung von einer verbesserten, verjüngten Ausgabe ihrer selbst nicht entspricht.

Wenn die Tochter dem Schönheitsideal der wertenden Mutter entspräche und den passenden Schwiegersohn mitbringen würde, hätte Mama die Sicherheit, alles richtig gemacht zu haben.

Die nicht wertende Mutter glaubt daran, dass ihre Tochter ihre Sache schon gut machen wird. Das heißt auch, dass sie mit ihrer eigenen Autonomie im Reinen ist und die Autonomie der Tochter respektiert. Die bewertungsaktive Mutter ist unsicher, ob sie ihre Tochter genug liebt, ob sie genug für diese getan hat. Sie bräuchte eine perfekte Tochter, um sich über das Ergebnis ihrer Mutterschaft sicher zu sein, und versucht nun, dieser Perfektion durch ihre »gut gemeinten« Bewertungen näher zu kommen.

Wir können den Realismus des Handwerkers vom Perfektionismus des Bewerters unterscheiden. Ein Handwerker arbeitet keineswegs wertfrei (er möchte ja nicht, dass das Ergebnis seiner Arbeit für wertlos gehalten wird). Aber er konzentriert seine Werturteile auf *sein eigenes* Tun, auf den von ihm verantworteten Bereich der Realität. Wenn er eine Geige baut, verwertet er die Erfahrungen mit den Geigen, die er bereits gemacht hat. Er will die neue gut bauen und aus den Fehlern lernen, die er gemacht hat.

Handwerk bindet an die Wirklichkeit und hält Angst durch *Tätigkeit* in und an der unbelebten und belebten Natur in Schach. Tätigkeit, nicht Macht über andere wird als beruhigend erlebt. Die Beziehungen zu den Mitmenschen werden nach diesem Modell gestaltet – was kann ich mit ihnen konkret machen? Was kann ich aus dem lernen, was ich bisher gemacht habe, und in Zukunft besser machen?

Unter Erwachsenen beobachten wir ausgeglichene Personen, die erst ein Werturteil fällen, wenn sie darum gefragt werden, gegenüber bewertungsfreudigen, die nichts ohne Kommentar geschehen lassen. Wenn jemand ein Problem erzählt, haben sie selbst ein größeres oder eine Lösung, wenn das Essen auf den Tisch kommt, ist es gut oder schlecht, vielleicht das beste, das schlechteste, das sie jemals verspeisten. Das wirkt so, als sei es bei diesen Personen zum Zwang geworden, zu vergleichen, einzuordnen, zu benoten. Wer sie genauer beobachtet, findet Zeichen von Unruhe, Unsicherheit, von Leere, die durch Urteile gefüllt werden soll.

Die Ängste sind von narzisstischer Qualität, sie betreffen das eigene Selbstgefühl, die Sorge, nicht wichtig, nicht gut genug zu sein. Sie lassen sich etwa so beschreiben: Ich bin nicht geworden, was ich werden wollte. Ich bemühe mich, und dennoch werden mir andere vorgezogen, die sich zur Geltung bringen können – ich glaube nicht, dass sie besser sind, sie werden nur dafür gehalten. Es gibt zwei typische Auswege aus dieser Situation, die einander gegenüberstehen und sich bedingen: Räuber zu werden oder Gendarm, sich im Internat an den Zöglingen oder im Büro an der Kasse zu vergreifen, oder aber einen Ethikausschuss zu gründen, Normen zu perfektionieren und Verstöße zu verfolgen.

Wer sein Handwerk[34] liebt, wird weder Räuber noch Gendarm. Manchmal beschützt ihn der Gendarm vor dem Räuber; auf jeden Fall aber fordert er vom Handwerker Steuern, um dessen Schutz zu gewährleisten. Der Handwerker geht mit Bewertungen sparsam um. Er reserviert sie für seine Arbeit. Er findet allenfalls, dass der Gendarm ihn zwingt, Zeit zu vergeuden, nicht anders als der Dieb.

Ist das ein Plädoyer für Anarchie? Gegenfrage: Muss ich ein Anarchist sein, um die Verschwendung von Zeit und Kraft zu beklagen, welche allen, die ihr Handwerk lieben, von dem Räuber-und-Gendarm-Spiel auferlegt wird? Die Sehnsucht nach einem unmittelbaren Austausch mit Menschen, die an Handwerk und nicht an Raub oder Geltung durch hohen Rang interessiert sind, hat Christopher Schwarz beschrieben.[35] Ein Sprichwort aus den Bauernkriegen fasst diese Position elegant zusammen: Als Adam grub und Eva spann, wo war da der Edelmann?[36] In Machtklüngeln, die sich über die zwingend realistische Struktur im Handwerk oder im Sport erheben,[37] wachsen auch unerfreuliche Gestalten wie der Denunziant und der Pharisäer. Die eigene Geltung strahlt heller, wenn ich andere entlarve, die unter meinem moralischen Niveau bleiben.

Mit Blick auf die moralische Geltungssucht, die im Zusammenhang mit der Helikoptermoral eine große Rolle spielt, muss uns die Faszination beschäftigen, die ein entlarvter Täter auf die Menschen ausübt, die sich mit seiner Hilfe ihre Überlegenheit beweisen. In einer von narzisstischen Bedürfnissen geprägten Medienwelt ist ein großer Mann mit einer kleinen Sünde interessanter als ein kleiner Mann mit einer großen Sünde.

Der pharisäische und der kannibalische Narzissmus

Die Aufwertung durch Entwertung eines Rivalen tritt in zwei Gestalten auf, die ich pharisäisch und kannibalisch nenne. Im pharisäischen Narzissmus wird jemand entwertet, von dem ich mich vorteilhaft abhebe, auf dessen Anerkennung ich aber zu meiner Selbststabilisierung weiter nicht angewiesen bin.

Die rassistischen und nationalistischen Vorurteile, die Entwertungen von Minderheiten und Fremden haben durchweg diese Qualität. Das gilt auch für die Freude an den Eheproblemen von Prinzessinnen, den pikanten Einzelheiten über den Seitensprung eines Vorgesetzten. Wilhelm Buschs Verse aus *Plisch und Plum* illustrieren den pharisäischen Narzissmus des späten Biedermeier:

Kurz die Hose, lang der Rock,
Krumm die Nase und der Stock,
Augen schwarz und Seele grau,
Hut nach hinten, Miene schlau –
So ist Schmulchen Schiefelbeiner.
(Schöner ist doch unsereiner!)

Das Vollbild des kannibalischen Narzissmus erfordert, dass jemand entwertet wird, von dessen Anerkennung sich die Entwerter (zu) abhängig fühlen. Mitarbeiter entwerten ihren Chef, Liebende ihre Liebespartner, Patienten ihre Ärzte, Kinder ihre Eltern – und umgekehrt. Dieser kannibalische Narzissmus ist eines der düstersten Kapitel des menschlichen Zusammenlebens. Er führt zu der rätselhaften Wut, die gerade das zerstören will, wonach sie sich sehnt.

Er steht hinter dem Hass, der wütende Entwertungen zur blinden Zerstörung steigert, wenn ihm deutlich wird, dass dem Gegenüber der Zauber mangelt, ihn wieder in Liebe zurückzuverwandeln. Er ist die Kälte, die sich nach der Wärme sehnt. Achtsamkeit für ihn lehren uns Fabeln wie jene, die Äsop erzählt: Ein Wanderer findet im Winter eine giftige Schlange, die, vor Kälte erstarrt, dem Tode nah ist. Er hebt sie auf und wärmt sie an seiner Brust. Kaum zu Bewegung erwacht, beißt die Schlange ihren Lebensretter. »Undankbare!«, ruft er sterbend. »Du wusstest, dass ich eine Schlange bin«, erwidert sie, die nun auch in der Kälte zugrunde gehen wird.[38]

Im Vollbild des kannibalischen Narzissmus wird das Selbstgefühl durch die Entwertung jenes Selbstobjekts geschwächt, das für den Erhalt der eigenen Grandiosität unentbehrlich scheint und festgehalten werden muss. Nur solange ich der Sündhaftigkeit, der moralischen Minderwertigkeit meines Gegenübers ausgesetzt bin, fühle ich mich gut!

Dieser kannibalische Mechanismus setzt voraus, dass die Betroffenen ihr Gegenüber *gleichzeitig* überschätzen und entwerten. Sie können diesen Widerspruch nicht durch geistige Leistungen wie Einsicht und Humor neutralisieren. Sie trauen unbewusst dem Liebesobjekt zu, dass es sie erlösen, in eine Welt ohne Grenze und Trauer führen kann.

Wenn der beanspruchte Glückszustand nicht eintritt, weckt das primitive Aggressionen gegen das schuldige Objekt. Das gekränkte Ich sucht sich impulsiv in der Entwertung des Objekts zu retten. Es kann sich aber nicht von ihm trennen und ist zwei Kränkungen ausgesetzt: einmal der Erinnerung, dass die Beziehung zum Liebesobjekt auf einer eigenen Entscheidung beruht, und dann der oft ihrerseits aggressiven, entwertenden Reaktion der Gekränkten. Die Entwertung rettet die Grandiosität und gefährdet sie im selben Atemzug.

Es liegt nicht am Ich, das unschuldig ist und gut. Nur das Objekt, dem es blind vertraute, dem es nur das Beste wollte, dem es so viel geopfert hat, ist das Opfer nicht wert, es ist minderwertiger als das eigene Ich, das allerdings ohne den ständigen Nachweis der Minderwertigkeit des Gegenübers seinen höheren Rang nicht mehr behaupten könnte.

Im Stadium des kannibalischen Narzissmus wirken Personen, als ob sie keine Beratung oder Therapie, sondern einen bezahlten Mörder brauchen, der den Menschen aus der Welt schafft, an den sie in ihrer Entwertung gebunden sind. Sie können einfach nicht aufhören, ihm in endlosen Tiraden vorzuhalten, dass er nur an sich denkt, worin sie ihm freilich gewiss nicht nachstehen.

Im Mikrokosmos menschlicher Intimität erkennen wir ein Stück jener Prozesse, die Gruppen gegeneinander hetzen, weil hochfliegende Erwartungen an Macht, Geltung und Bequemlichkeit nicht erfüllt wurden. In der Entwertungssucht, die das eigene Ich aufwerten soll, spiegelt sich die Dynamik der Helikoptermoral.

Zu den Folgen jeder Traumatisierung gehört Überempfindlichkeit gegen Reize, welche an das Trauma erinnern. Diese Überempfindlichkeit hängt damit zusammen, dass die Angstbereitschaft auf Kosten der Fähigkeit gewachsen ist, sich selbst zu beruhigen und in der Lebenstätigkeit aufzugehen. Da Angst nach schnellen Lösungen schreit, schwindet in ihrem Umfeld auch die Fähigkeit zur Empathie. Wer seine Mitmenschen aus seiner Angstbereitschaft heraus zwanghaft bewerten muss, kann sich schlecht in sie einfühlen. Das empfindliche Gewissen folgt Ängsten, für eigene Fehler bestraft zu werden. Es kann zu einem Teufelskreis führen: Die Reaktion auf die kränkenden Bewertungen, die eine verletzte Psyche um sich verstreut, verstärkt den Eindruck, unbeliebt zu sein, steigert damit Ängste vor sozialer Isolation, die nun wiederum verstärkt durch Bewertungen abreagiert werden.

Die Welt soll einfacher werden, um sicher zu sein, dass die traumatischen Signale eliminiert werden können, welche an den Schmerz narzisstischer Krisen erinnern. Nur satte, gut ausgebildete und nachdenkliche Menschen werden fähig sein, angesichts einer narzisstischen Not *nicht* dem Demagogen zu folgen, der ihnen einen Sündenbock nennt und ein Paradies anbietet, das ihnen zusteht und kommen wird, wenn erst der Sündenbock ausgelöscht ist. Es kostet Mühe, Widersprüche zu sehen, wo eine simple Problemlösung angeboten wird, und die Übel zu erkennen, welche eine schnelle Lösung mit sich bringt. Wer die Mühe des langsamen Denkens[39] nicht auf sich nehmen kann, wird dem glauben, der ihm verspricht, seine Situation schnell zum Besseren zu wenden. Er wird auf die losgehen, welche er als schuldig an seiner Notlage erlebt.

Der Kontrast zwischen Handwerker und Bewerter lässt sich psychodynamisch vertiefen, indem die unterschiedlichen Formen der Bewältigung von Angst untersucht werden. Die handwerkliche Haltung konzentriert sich auf die *real mögliche*, somit gegenwärtige oder zukünftige Aktivität. Das Werk soll wachsen, alles, was diesem Wachstum im Weg steht, soll möglichst eingeschränkt werden, nicht zu viel Zeit und Aufmerksamkeit beanspruchen. Zu diesen überflüssigen Bemühungen gehört auch der moralische Eifer.

Dieser wächst aus Spannungen, die sich durch die handwerkliche Tätigkeit nicht beruhigen lassen.

Wer sich in dieser Situation auf die *Verfehlungen seiner Mitmenschen* konzentriert, erlebt einen trügerischen Gewinn aus dem Fundus des pharisäischen Narzissmus. Wenn ihm Selbstzweifel die Freude an seinem Handwerk rauben, so schwinden diese doch in dem Augenblick, in dem er Sünder entdeckt und verfolgt. Jetzt kann er die Aggression gegen das eigene Ich, das zu wenig Freude an seinem Handwerk hat und vielleicht nicht gut genug darin ist, auf diese Bösewichte und/oder Versager richten. Daher erscheint ihm auch die Rolle des Chefs begehrenswert, während begeisterte Handwerker angesichts eines Karriereangebots eher zögern. Sobald sie leiten und andere kontrollieren müssen, können sie ihr Handwerk nicht mehr ausüben.

Zivilisierte Menschen denken mit Grausen an die Zeit der öffentlichen Hinrichtungen mit Folter und Gewalt: Vierteilen,

Rädern, Pranger und Schandmaske, Scheiterhaufen und Galgen. Wir entrüsten uns, wenn solche Strategien des Gewinns von Aufmerksamkeit wieder in unsere Welt einbrechen, wie die ins Internet gestellten Hinrichtungen durch Terrororganisationen. Die voyeuristische Leidenschaft angesichts interessanter Verfehlungen im Umgang mit Sex oder Geld ist aber heute nicht geringer als zu Zeiten, als noch der Ausrufer durch die Gassen zog, in sein Horn stieß und schrie, wann und wo eine Hexe verbrannt oder ein Räuber geköpft werde. Freilich stehen die Täter »nur« virtuell am Pranger; dafür aber weit länger und unter Umständen weltweit.

Der narzisstische Pakt zwischen dem Gesetzesbrecher und dem Gesetzeshüter wird in der trivialen Literatur und ihren Ausläufern in den optischen Medien besonders deutlich. In den trivialen Helden wird die narzisstische Dimension des moralischen Eifers deutlicher als anderswo. Da sie Größenfantasien bestätigen müssen, sind sie besonders mächtig und fast unfehlbar; aus dem Herkules der griechischen Sage haben die Autoren von Comics und Drehbüchern ganze Heerscharen gemacht.

Parallel zu den Helden wachsen auch die Schurken ins Überdimensionale, nicht selten, weil sie den Helden ihre Macht neiden und nun nach denselben Tricks suchen, durch die auch die Helden entstanden sind. So schafft das gute Monster das böse Monster, jedes steigert das Gegenüber, ein Wettrüsten in der narzisstischen Fantasiewelt trivialer Mächte.

Die Zahl und die Macht der Feinde werden übertrieben, um die eigene Bedeutung zu glorifizieren. Ein wichtiger Begriff ist hier die »Dunkelziffer«, die der Scheinwerfer der Helikotermoral in gleißendes Licht taucht. Eine zweite rhetorische Geste ist die Rede von dem bisher verleugneten Missstand, der erst durch die Aktivität der Moralisten aufgedeckt wurde und nun von ihrer Unentbehrlichkeit zeugt.

Während die moralisch Erregten von sich behaupten, nichts anderes zu tun und zu wünschen, als die Opfer zu beschützen, verschlechtert sich diese Beziehung zu den Opfern dramatisch, wenn diese den Bedürfnissen ihrer Retter in den Weg geraten. Die Aufwertung durch die Verfolgung, Bloßstellung und Entwertung der Täter hat im moralischen Übereifer gegenüber den Bedürfnissen der Opfer absoluten Vorrang.

Während die Verfolgung von Tätern eindeutige Aufgaben stellt, ist Empathie in die komplexe Interessenlage der Opfer schwierig und zeitraubend. Sie sperrt sich gegen die Helikoptermoral.

Das Bestreben eines Opfers, den Täter differenziert zu sehen, ihn vor apodiktischen Entwertungen in Schutz zu nehmen, wird dem ehrgeizigen Verfolger zum Ausdruck einer ganz besonderen Tücke des Täters. In den Augen der Eiferer erweitert sich die Beschädigung des Opfers zu dessen Unfähigkeit, zu erkennen, was »wirklich« passiert ist. Der Verfolger weiß besser als das Opfer um dessen innere Zustände und Wünsche – er behauptet das wenigstens. Der Täter muss besonders perfide gewesen sein, wenn das Opfer nicht bereit ist, den moralischen Eifer zu unterstützen. Das Opfer hat sich mit dem Täter identifiziert!

Das Hilfe suchende Opfer will Dinge, die sich widersprechen. Es will beispielsweise gleichzeitig den Täter angreifen und ihm verzeihen, es sucht seine Nähe und will sich von ihm distanzieren, es will ihn schonen und strafen, retten und vernichten, ihn aus seinen Gedanken verbannen, aber nicht verlieren.

Eine Therapeutin erklärt, sie plane, die Behandlung einer Patientin mit Panikattacken und Bulimie abzubrechen, weil diese nach wie vor nicht bereit sei, ihren älteren Bruder anzuzeigen, der sie in der Pubertät vergewaltigt habe. Die Supervision des Falles ergibt, dass die Patientin von ihrer künstlerischen Arbeit nicht leben kann, aber auch keine besser bezahlte Arbeit suchen oder Sozialhilfe beantragen möchte. Sie fühlt sich auf die finanzielle Unterstützung durch den Bruder angewiesen. Gleichzeitig macht sie diesen Bruder (und inzwischen auch die Therapeutin) dafür verantwortlich, dass sie keinen Partner findet, mit dem sie ihre Sehnsucht nach romantischer Liebe erfüllen kann.

Aus der Untersuchung der unbewussten Dynamik ergibt sich, dass die Patientin ihre eigenen Racheimpulse bei der Therapeutin untergebracht hat und aus deren Reaktion den narzisstischen Gewinn abschöpft, den Bruder vor seiner Verfolgerin zu retten, die sich in ihren aggressiven Fantasien und mühsam unterdrückten Vorwürfen gegen ihre Patientin dem Verhalten des Täters nähert.

Nur aus der überlegenen Höhe der Helikoptermoral lässt sich behaupten, Strafe für den Täter entlaste *immer* das Opfer und öffne diesem den Weg in eine bessere Zukunft. Oder aber, es sei *immer* möglich und richtig, dass ein missbrauchtes Kind den Eltern verzeiht. Beide Positionen greifen nach einem Patentrezept, das eine Tragödie ungeschehen machen soll.

Die Wurzel dieser Sehnsucht nach dem Patentrezept ist der Glaube an das absolut Gute, ursprünglich an die gute Mutter, die sofort da ist und stillt, was stört, ehe Angst, Hunger oder Schmerz uns überwältigen. Es ist ein langer und riskanter Prozess, aus dieser Sehnsucht in die erwachsene Liebesbeziehung zu finden, in der dieses »romantisch« genannte Ideal zugleich fortbestehen und enttäuscht werden darf. Wir können dieses Ideal nicht realisieren, sondern uns ihm nur nähern, indem wir das lückenhafte Skelett an realer Unterstützung, das ein Erwachsener einem Gegenüber bieten kann, kreativ schmücken und polstern.

Wir schaffen unser Glück, indem wir an das Gute glauben, das unser Gegenüber sein möchte, und trösten uns so darüber, dass wir viel Hunger, Angst und Schmerz alleine bewältigen müssen, weil das Gegenüber ebenfalls mit dieser Aufgabe beschäftigt ist und die Bedürfnisses eines Erwachsenen komplizierter sind als die des Babys. Die Helikoptermoral trägt eine verborgene, paradiesbezogene Komponente in sich. Sie weckt die Illusion, dass sich durch den Ruf nach Strafe Unrecht ungeschehen machen lässt, dass Hunger, Angst und Schmerz aus dem Leben verschwinden, wenn nur ausdrücklich und nachdrücklich genug von oben herunter bewertet, gemahnt und angeklagt wird. Über diesem großen Ziel verlieren die Eiferer die Aufmerksamkeit für den Schaden, den sie anrichten. Wer das Paradies vor Augen hat, den kümmert nicht, was er auf dem schnellsten Weg dorthin niedertrampelt.

Warum sich Kinder schlechte Eltern schaffen

Die unverhoffte Wirkung
Wenn du die Kinder ermahnst, so meinst du, dein Amt sei erfüllet.
Weißt du, was sie dadurch lernen? – Ermahnen, mein Freund!

Heinrich von Kleist, *Epigramme*

Ein Freund, der nach einer Lebensphase als Ordensmann und Priester Psychoanalytiker wurde, pflegte zum vierten Gebot zu sagen: Das »Ehren« der Eltern sei sehr missverständlich und werde oft auf narzisstische Inhalte bezogen. Im Urtext habe die Anweisung ausschließlich den erwachsenen Kindern gegolten und besagt, die Eltern nicht hungern zu lassen.

Heute brauchen Eltern in den zivilisierten Ländern diese Form der Versorgung nicht mehr. Das vierte Gebot hat seine greifbare Substanz verloren, sich aber in narzisstische Dimensionen gebläht. Unter Kindern und Eltern ist wechselseitige Anerkennung notwendig, um dem deprimierenden Gefühl zu entgehen, eine schlechte Mutter, ein schlechter Vater, eine schlechte Tochter, ein schlechter Sohn zu sein.

Haben die Eltern gut genug für Erziehung, für Bildung gesorgt? Sind die Kinder geworden, was die Eltern als geglücktes Leben erwartet haben? Solche Ansprüche sind uferlos und im Ergebnis nicht selten paradox. In die Therapiepraxis kann heute ein Klient kommen, der seine Eltern anklagt, sie hätten ihn mit Cellostunden und Ballettunterricht gequält, morgen einer erscheinen, der seine Eltern anklagt, nicht einmal ein Musikinstrument könne er spielen, so wenig hätten seine Eltern sich um ihn gekümmert.

Gerade Eltern, die sehr darauf geachtet haben, dass es ihrem Kind gut geht und es möglichst viel von dem bekommt, was es sich wünscht, sind vor Entwertung nicht sicher. Sie haben eine verwöhnende Welt geschaffen und müssen jetzt erkennen, dass ihre Macht an Grenzen stößt: Es ist ihnen misslungen, eine Persönlichkeit zu schaffen, die dankbar sein kann. »Ihr habt mich nie selbständig werden lassen, ihr habt mir alles abgenommen, ich wusste gar nicht, was ich selbst wollte, daher habe ich gemacht, was ihr vorgeschlagen habt, und es war das Falsche!«

Es ist eine klare Sache, das tägliche Brot zu teilen und dadurch einander zu »ehren«. Wo der Hunger regiert, bedeutet

Sättigung auch Frieden. Wo aber die Angst regiert, gibt es keine Sättigung, sondern nur eine provisorische Sicherheit. Sobald die Elternliebe an Ideale gebunden ist und nicht mehr an Nahrung, muss sehr viel mehr chronische, in den mitmenschlichen Beziehungen wurzelnde Angst verarbeitet werden.

Während das hungrige Kind mit dem Essen auch die Vorstellung verinnerlicht, in Ordnung zu sein, ich bin ein gutes Kind und habe eine gute Mutter, weiß das erzogene nicht so genau, ob es in Ordnung ist. *Vielleicht* bin ich ein gutes Kind, *vielleicht* habe ich eine gute Mutter, aber es könnte auf jeden Fall besser sein, ich könnte mehr tun, um sicher zu sein. Der pädagogische Entwurf richtet sich nicht mehr auf reale Verteilungen, sondern auf die Annäherung an ein Ideal. Von diesem Ideal hat die Mutter eine Vorstellung, die das Kind nicht übernimmt, sondern bearbeitet, prägnanter macht, oft auch grausamer, radikaler.

Entwertend und voller Klagen über Eltern zu sprechen bedeutet keineswegs, dass die Bindung an sie schwach ist.

»Enttäuschen« heißt dem Wortsinn nach, dass eine Täuschung erledigt wird. Die Unfähigkeit, aus der Kränkung diese Enttäuschung zu machen, die Erwartungen tatsächlich zu korrigieren, wird zum Motor des Verhaltens der Gekränkten. Erwachsene Kinder, welche Fehler ihrer Eltern beklagen, sprechen heute vor allem über Mängel in der Erziehung. Sie vergleichen ihre Eltern mit dem Bild, das sie von »wirklich guten« Eltern entworfen haben. Sie überzeugen sich, dass die Probleme, die sie jetzt als Erwachsene haben, mit der Differenz zwischen den Eltern und diesem Bild zusammenhängen.

Das folgende Beispiel ist fiktiv, aber aus Berichten realer Fälle zusammengesetzt. Eine 45-jährige Lehrerin erklärt sich ihre Depression so:

»Mein Vater hat mich angespuckt und beschimpft, wenn ich als 16-Jährige nur eine halbe Stunde zu spät nach Hause kam. Ich habe in mein Tagebuch geschrieben, dass ich das nie vergessen will und dass ich ihn hasse und dass ich mich nie mehr darauf einlassen darf, ihn zu mögen. Er hat mich abgepasst und er hat wochenlang keine Ruhe gegeben. Ich tanze nicht. Ich traue es mir nicht zu, mich so zu bewegen, dass es nicht verkrampft aussieht. Meine Eltern, die tanzen, die genieren sich nicht. Ich bin Lehrerin geworden, und ich denke schon, dass mein Vater stolz auf mich ist. Aber ich kann nie vergessen, was er mir angetan hat. Jetzt habe ich mich in meinen Kollegen verliebt, den Sportlehrer. Aber ich will doch keine Beziehung zu einem Sportlehrer, der jeden Tag von jungen Mädchen umschwärmt wird, das halte ich nicht aus.

Ich habe zwei Therapien gemacht, eine Verhaltenstherapie und eine Gesprächstherapie. Aber ich kann immer noch nicht tanzen. In der Verhaltenstherapie habe ich mich dazu gezwungen, aber es hat mir keinen Spaß gemacht. Als dann die Depression nicht wirklich besser wurde und ich in die Gesprächstherapie ging, hat mich die Therapeutin gefragt, warum ich etwas tue, das mir keinen Spaß macht. Sie hat angedeutet, dass ich mich selbst bestrafen will. Da habe ich wieder aufgehört mit diesem Training wider Willen.

Ich habe in keiner Therapie mein Vatertrauma wirklich aufgearbeitet. Es geht einfach nicht weg. In der Arbeit habe ich die besten Beurteilungen und Rückmeldungen. Meine Rektorin hat aber keine Ahnung, wie viel Angst mir jede neue Klasse und jeder Besuch des Schulrats gemacht haben. Die Kinder habe ich gern. Aber jede Beziehung mit einem Mann ist bisher schiefgegangen. Wenn ich einen kennenlerne, suche ich immer den

Punkt, wo es nicht klappt. Dann reite ich so lange darauf herum, bis es wirklich nicht mehr geht. Das habe ich herausgefunden, war schließlich lange genug in Therapie. Aber geändert hat es sich nicht.«

Die Lehrerin ist ein Einzelkind. Sie kümmert sich gegenwärtig intensiv um ihren inzwischen dementen Vater und die ängstliche Mutter, über die sie manchmal noch schlechter spricht als über ihren Vater. (»Er hatte wenigstens Rückgrat, aber sie hat ihn vor mir schlecht gemacht, wie wenig er sich um die Familie kümmert und wie egoistisch er ist – wenn er dann aber mit ihr ausgehen wollte, hat es keine halbe Stunde gedauert, und sie stand parat mit ihrem Minirock, dem Täschchen und den Stöckelschuhen!«)

Kinder sollen heute nicht mehr genauso sein wie ihre Eltern, sondern »besser«. Einem fest gefügten Rahmen muss sich das Kind nur fügen; einen der sozialen Beweglichkeit geöffneten Rahmen soll es, wenn möglich, nach oben sprengen. Da dies stets eine Rivalität einschließt und Rivalität einer der Motoren der modernen Gesellschaft ist, wuchs seit der bürgerlichen Revolution die Aufmerksamkeit für die Erziehung der Kinder, die in traditionellen Zeiten eine weit geringere Rolle spielte.

Was wir in den Familien beobachten, legt nahe, dass es keine einseitige Transformation gibt. Eine transformierende Beziehung (wie die Erziehung) wirkt in beide Richtungen. Indem die Eltern an das Kind Fantasien herantragen, indem sie ihm Bilder vermitteln, was sie selbst gerne geworden wären und was sie sich wünschen, dass das Kind werde, wecken sie in dem Kind Gegenfantasien. Es baut Bilder auf, wie die Eltern beschaffen sein müssten, um die eigenen Ziele zu erreichen und ein befriedigendes Leben zu führen.

In traditionellen Kulturen ernähren und schützen die Eltern das Kind, solange es klein ist. Sobald es selbständiger wird, ist es ebenso wie die Eltern Traditionen unterworfen, die über beiden stehen.

Das ändert sich in der individualisierten Gesellschaft. Jetzt werden die Fantasien der Eltern mächtiger – und ebenso die des Kindes. Das Kind ist vor die Aufgabe gestellt, herauszufinden, wie konform diese Fantasien der Eltern mit seinen eigenen sind. Der Vater findet es beispielsweise »normal«, dass seine 15-jährige Tochter zur vorgeschriebenen Stunde zu Hause ist und ihm jeden jungen Mann vorstellt, mit dem sie Kontakt haben möchte. Die Tochter findet diese Auflagen sinnlos und grausam, gehen sie doch weit über das hinaus, was unter ihren Altersgenossinnen als »normal« gilt.

So viel zum kulturhistorischen Hintergrund der oben zitierten Lehrerin mit dem »Vaterkomplex« oder, wie heute eher gesagt wird, dem »Vatertrauma«. Allerdings lässt sich aus der pädagogisch verfehlten Reaktion des Vaters keineswegs vorhersagen, dass die Tochter in dieser Weise an eine traumatische Verunsicherung gebunden bleiben wird. Wenn die zitierte Lehrerin ihre Geschichte in einem Seminar erzählt, in dem sich ein Dutzend ihrer Altersgenossinnen findet, werden einige andere Frauen sich an vergleichbare Übergriffe erinnern. Aber sie haben ihren eigenen Weg gefunden, leben in einer Beziehung, haben Kinder, es würde ihnen nicht einfallen, sich in dieser Weise an das Versagen des Vaters zu erinnern und die Erinnerung wach zu halten. Es lassen sich zwei Positionen unterscheiden, eine, in der schlechte Eltern benötigt werden, und eine andere, in der das Versagen der Eltern als Ausdruck begrenzter menschlicher Möglichkeiten gesehen wird.

Position A: »Mein Vater hat mein Leben zerstört. Immer wenn ich an ihn denke, steigt diese Wut in mir hoch. Er kapiert einfach nicht, was er da mit mir gemacht hat.«

Position B: »Mein Vater war total überfordert, als ich in die Pubertät kam, damals habe ich ihn gehasst, jetzt denke ich nicht viel an ihn, aber wenn wir uns sehen, kommen wir miteinander aus.«

Position A entspricht der Dynamik der Helikoptermoral. Die Bewertung des Vaters ist dekontextualisiert, seine konstruktiven Seiten werden nicht wahrgenommen. Die Unterschiede zwischen beiden Positionen sind nicht durch die faktischen Aktionen zwischen Vater und Tochter bestimmt. Die Erwartungen, bei der nächsten Begegnung eine ganz andere Person zu finden, die zum Beispiel »versteht«, was sie dem Kind angetan hat, hängen mit unbewussten Bildern zusammen. Das heißt: Diesmal ist es die Tochter, die sich bemüht, den Vater zu transformieren. Sie denkt nach, wie sie ihm klarmachen kann, was er ihr angetan hat und was er hätte tun müssen, um ihr eine gute seelische Entwicklung angedeihen zu lassen. Sie fasst diese Gedanken zusammen zu Urteilen, wie ein »richtiger Vater« sein müsste.

Wenn heute die soziale Kindheit in fast allen Familien länger dauert als die körperliche, ergeben sich nicht nur Konflikte zwischen den Adoleszenten und ihren Eltern. Eine zweite Konfliktquelle sind Dankesschulden, welche die Beziehung zwischen den erwachsenen Kindern und ihren Vätern oder Müttern belasten. Hier wie in vielen anderen Bereichen wird deutlich, dass die höhere Lebenserwartung und die Sozialgesetzgebung die Menschen zwar vor körperlichen Schäden, vor Hunger und Obdachlosigkeit im Alter bewahren, dafür aber die seelischen Belastungen wachsen.

Diese seelischen Belastungen ergeben sich daraus, dass mehr imaginäre Elemente in die Kind-Eltern-Beziehung eindringen. In traditionellen Gesellschaften dominiert die physische Nähe von Eltern und Kindern; ohne sie wäre ja die Chance dahin, von den erwachsenen Kindern ernährt und gepflegt zu werden, sobald die eigenen Kräfte schwinden. In den modernen Gesellschaften leben Kinder und Eltern nur noch ausnahmsweise in einem Haushalt. Wo 40-Jährige noch von der Mutter versorgt werden, denkt der Kliniker an Alkoholsucht oder Psychose. Was einst normal war, weckt heute den Verdacht auf Verrücktes.

Je länger die Abhängigkeit des Kindes von den Eltern dauert, desto mehr (oft nicht in ihrem vollen Umfang bewusste) Fantasien wachsen in den Eltern, das Kind müsste ihnen ihre Mühe danken. Umgekehrt wachsen aber in den Kindern ebenfalls zum Teil unbewusste Fantasien, die Eltern müssten dankbar sein, dass sie sich so lange über alle möglichen Hürden gequält haben, um die Erwartungen der Eltern an ihren sozialen Erfolg zu erfüllen. Das Kind hat acht Jahre den Eltern zuliebe Cello geübt; die Eltern haben acht Jahre dem Kind zuliebe Instrument und Musikstunden bezahlt.

Da zudem beide Seiten wenig Gelegenheiten haben, ihre Dankesschulden durch körperliche Präsenz und physische Gaben abzugelten, kommen Eltern ebenso wie Kinder in die therapeutische Praxis, wenn die Kränkungen überhandnehmen, dass eine imaginäre Dankesschuld nicht nur ignoriert wird, sondern sogar Gegenforderungen auftauchen: Nicht ich bin dir, nein, du bis mir etwas schuldig geblieben.

15 / Die Größenfantasie und der moralische Sieg

Angeblich ist das Schachspiel in Indien erfunden worden, um einem tyrannischen Herrscher zu verdeutlichen, wie wenig ein König ohne Gehilfen – Bauern, den Wesir (so hieß in den orientalischen Spielen die Dame), Läufer, Reiter auf Pferden und Elefanten – ausrichten kann.

Der Unterricht in diesem Spiel machte den Fürsten weise und er wollte seinen Dank bekunden. So gewährte er dem Erfinder einen Wunsch. Dieser, der Legende nach der Brahmane Sissa, wünschte sich Weizenkörner (nach einer anderen Fassung Reiskörner) – ein Korn auf das erste, zwei Körner auf das zweite, vier auf das dritte, acht auf das vierte Quadrat des Schachbretts und so fort.

Der Fürst fand das sehr bescheiden und wies seinen Minister an, dem Brahmanen seinen Lohn zu verschaffen. Aber es stellte sich heraus, dass es im ganzen Reich nicht so viel Weizen gab; es wären rund 18 Trillionen Körner geworden.[40]

Menschen denken und fühlen linear. Sie sind psychologisch nicht auf die Möglichkeit des exponentiellen Wachstums vorbereitet. Nehmen wir das Beispiel von der Seerose im Teich, die jeden Tag neue Blätter treibt und ihre Fläche verdoppelt. An einem Tag ist der Teich halb bedeckt – und am nächsten ist die freie Wasserfläche verschwunden.

Speicherfähigkeit und Geschwindigkeit der Datenverarbeitung wachsen eher exponentiell als linear. Nimmt auch der seelische Druck in dieser Form zu? Wachsen auch Entscheidungsmöglichkeiten und damit Ängste vor falschen Entscheidungen in dieser rapiden, uns überfordernden Weise? Und wächst mit ihnen das Bedürfnis nach Vereinfachung, nach Übersicht, nach klaren Lösungen, wie sie die Scharia und ihre Nebenbuhler in der Helikoptermoral versprechen? Hätten wir am liebsten *eine* Kultur und *eine* Moral, die narzisstische Ängste ähnlich eliminiert, wie die Suchmaschine die Angst vor der Grenzenlosigkeit des Internets beruhigt?

Wenn ein Politiker heute sagt, das Internet sei das Rückgrat der Wirtschaft, erregt das weder Entsetzen noch Aufruhr. Straßen, Eisenbahnen, Kanäle mussten ihren Vorrang an die Datenautobahn abtreten; Banken, Handel, Produktion und Verwaltung würden alle ohne das Internet nicht funktionieren. Und dennoch hat die Vorstellung viel Beunruhigendes. Denn dieses Rückgrat ist in einer Weise störbar, die wir bisher nicht kannten. Es ruht nicht wie ein Schienennetz und funktioniert im Großen weiter, wenn es im Kleinen Unterbrechungen gibt, es ist auf ständiges Päppeln mit Strom und Servern angewiesen. Es bleibt trotz aller Schutzmaßnahmen anfällig für Viren, Trojaner, Überlastungen und Energiekrisen.

Ungreifbar fließt es wie eine riesige Amöbe um den Planeten. Der Vergleich mit dem Rückgrat wirkt veraltet. Er täuscht Struktur und Ordnung vor, wo beide nicht existieren. Ein Rückgrat leitet die Befehle des Gehirns an die Peripherie, organisiert Bewegungen und Haltung des Ganzen. Aber das Internet ist ein

Dschungel, wir finden uns in ihm nur zurecht, indem wir Scouts beschäftigen, die ihre eigenen Machtspiele treiben und undurchsichtige Interessen verfolgen. Ein *zentrales* Nervensystem, wie es zum Rückgrat gehört, gibt es hier nicht.

Ebenso exponentiell hat der Druck zugenommen, zu bewerten, zu moralisieren, sich mit anderen zu vergleichen. Es wird schwieriger, bewertungsfreie Räume zu finden. Sex, Schwangerschaft, Sport, Gesundheit, Vorsorge, überall machen sich Werturteile breit, muss Tun begründet, Unterlassen entschuldigt werden. Dieses Moralisieren spiegelt Gefühle von Bedrohung. Die Versuche, das Dilemma aus der Welt zu schaffen, vertiefen es. Verlorenes Vertrauen lässt sich nicht durch Ethikkommissionen wiederherstellen, allenfalls durch Kreativität und Empathie, die durch Regelwerke eher beeinträchtigt als gefördert werden.

Es gab in den alten Hierarchien eine Tradition, die Würde einer Rolle und die Gültigkeit eines Amtsaktes von der menschlichen (Un-)Zulänglichkeit der Würdenträger zu trennen. Darin liegt eine archaische Qualität der professionellen Rolle, die in den Mythen um die Weihe des Priesters in der katholischen Kirche ihren prägnantesten Ausdruck findet.

In *Der Abtrünnige*, einem französischen Film aus dem Jahr 1954,[41] geht es um dieses Thema. In einer Szene zwingt der vom Glauben abgefallene Priester einen jungen Gläubigen, sich lebensgefährlich mit Alkohol zu vergiften. Er »muss« einen Sektkübel voll Wein austrinken. Der Abtrünnige hat über ihn die Worte des Messopfers gesprochen und ihn so geweiht. Da er für immer Priester ist, ist der Kübel zum Messkelch geworden, der das heilige Blut Christi enthält und nicht entweiht werden darf.

Dieser Glaube an eine übermenschliche, nicht auslöschbare Weihe eines Amtsträgers, die dieser durch seine spöttische Distanz, seine offenkundige Unwürde und seinen Unglauben nicht aufheben kann, widerspricht krass der modernen, etwa von Jürgen Habermas[42] vertretenen Auffassung, dass Autorität in einem Diskurs gewonnen wird. Während aber bei Habermas das bessere Argument regieren soll, führt die Weiterentwicklung der Mediengesellschaft dazu, dass alle Urteile gleich schwer wiegen.

Wenn heute die Autorität der Eltern so geschwunden ist, dass diese mit ihren Kindern verhandeln wie mit den Mitbewohnern in einer WG, signalisiert das auch die wachsende Macht der Bilder über die abstrakten Regulierungen des geschriebenen oder gesprochenen Wortes.

Wie die meisten Prozesse, die in der menschlichen Persönlichkeit Strukturen bilden oder aber auflösen, ist auch dieser Schritt nur zum kleineren Teil bewusst. Wir beobachten seine Folgen, ohne in das Zentrum der Veränderung vorzudringen und es geistig zu fassen.

Bild-Erzählungen gewinnen ihre Dramatik und ihr Interesse für den Zuschauer aus anderen Quellen als Romane oder Sachtexte. Sie können auf eine vorher undenkbare Weise das Individuum in einer Menschenmenge akzentuieren und diese mit einem Schlag zum Hintergrund, zur Kulisse für einen neu geschaffenen Helden machen. Die extreme Form der narzisstischen Belohnung allein durch das *Erscheinen* ist mit keinem anderen Medium möglich und bereichert die menschliche Gesellschaft um eine völlig neue Qualität, deren Folgen wir gegenwärtig nur erahnen.

Ein typischer Plot in vielen Bild-Erzählungen wurzelt in dem Gegensatz zwischen zugeschriebener und ausgefüllter Rolle, zwischen einer alten, hierarchisch gefassten Autorität und einer neuen Autorität, die durch sinnliche, nicht durch abstrakte Qualitäten gewonnen wird. Der Diskurs wird durch das Bild, durch die Schlagfertigkeit in der Szene ersetzt. Was zählt, sind Mut und vor allem Glück angesichts einer konkreten Situation, es ist das Verhalten in einem Event, das selbst zum Event wird.

Der Held der Medien, mit dem sich das Kind identifiziert, ist Held, weil er es sein kann. Die ausgewiesenen Experten, die adeligen Herren, die militärischen Befehlshaber oder die gewählten Politiker neiden ihm seinen Erfolg und versuchen, ihn zu erniedrigen.

Ob es darum geht, schlafen zu gehen, eine Jacke anzuziehen oder vor dem Ausflug noch einmal Pipi zu machen – in der modernen Familie wird mit den Kindern *diskutiert*. »Wenn du deine Schularbeiten nicht machst, darfst du heute Abend nicht fernsehen!« »Das ist Erpressung!« »Nein, das ist Erziehung!« Es ist normal geworden, dass Eltern sich in ihre Kinder einfühlen und mit ihnen verhandeln. Umgekehrt werden auch die Kinder verpflichtet, sich in ihre Eltern einzufühlen und sich um deren Nöte zu kümmern.

Wenn selbst da, wo die gleiche Augenhöhe fehlt, auf eben dieser verhandelt werden soll, wird der Chef, Lehrer oder Arzt vollends zum Anachronismus, der sich dem Gespräch »auf Augenhöhe« verweigert und auf einem Niveauunterschied beharrt. In den USA versucht gegenwärtig eine Initiative, die Menschenrechte eines Schimpansen durchzusetzen. Da Affen (die wir dann vermutlich nicht mehr so nennen dürfen) ihre eigenen Rechte nicht vertreten werden, entstehen Arbeitsplätze für ihre Rechtsbeistände.

Das narzisstische Bedürfnis, das sich in Heldengeschichten ausdrückt, kann keine verbindliche Gestalt mehr annehmen und kommt auch nie zu Ruhe. Kaum hat die Superheldentruppe Ordnung gestiftet und will eine Hochzeit feiern, schon taucht aus den Tiefen des Weltalls der nächste, noch viel mächtigere Superfeind auf und wird nach großen Opfern in letzter Sekunde besiegt.

In der Welt der Bilder geben nicht Charaktereigenschaften, sondern Vordergrund und Hintergrund den Ausschlag, wie wichtig eine Figur ist. Ähnlich bestimmt in der Talkshow nicht das Gewicht der Argumente, sondern die Selbstdarstellung den Eindruck der Akteure beim Publikum. Am meisten Beifall erhält unfehlbar, wer eine schlichte moralische Position vertritt, die sofort nachvollziehbar ist: Opfer verdienen Empathie und Entschädigung, Verbrecher strengere Strafen, Patienten Schutz vor Ärzten, Terroristen müssen gestoppt werden. Ebenso beifallsträchtig ist der Triumph über eine Einschränkung, eine Behinderung, unter der freilich zentralen Bedingung hinreichender Ästhetik.

In diesem optischen Moralisieren vermischen sich Glück und Tugend zu einem manischen Gebräu. Niemals würde ein real Dementer die Möglichkeit erhalten, sein Mosaik von verlorenen und geretteten Erinnerungen zu entfalten. Wer aber hochbetagt ist und sichtlich »normal«, der muss nur sein Alter sagen, und schon klatschen alle lebhaft, als habe er eine ganz besondere Leistung erbracht. In der Tat hat er etwas geleistet: Er hat den Anwesenden die Auseinandersetzung mit der Hinfälligkeit im Alter erspart, sie können diese wegbewundern.

In der Projektion auf Gott entwirft der Mensch eine eigene Größenfantasie von Allmacht, Allwissenheit, Allgüte. In der individualisierten Gesellschaft hat Horst-Eberhard Richter den

»Gotteskomplex« diagnostiziert.[43] Nach dem Zusammenbruch der mittelalterlichen Gotteshingabe setzt der Mensch die eigene Größenfantasie an die Stelle der verlorenen metaphysischen Gestalt. Dieser Versuch ist von Zusammenbrüchen bedroht und benötigt Hilfskonstruktionen.

So kann die Einsicht in den Mangel an Allmacht durch Intellektualisierung abgewehrt werden – es entsteht der penetrante Besserwisser. Der Mangel an Allgüte hingegen wird durch die Helikoptermoral abgewehrt. Indem ich mir meine moralische Überlegenheit dadurch beweise, dass ich meine Mitmenschen bewerte und mich über jene erhebe, die das nicht tun, bin ich vielleicht nicht der denkbar beste Mensch, aber doch auf jeden Fall eifriger auf dem Weg zu diesem Ziel.

In ihren Beziehungen dominiert bei den Eifrigen nicht selten die Klage über einen Mangel an moralischer Symmetrie. »Warum nur lässt mein Mann, wenn ihm beruflich etwas misslingt, seine schlechte Laune an mir aus, wo ich das doch nie tue?«, klagt eine Frau. Die feste Überzeugung, dass ich durch mein Verhalten ein moralisches Anrecht auf *symmetrisches* Verhalten meiner Mitmenschen gewinne, wird zur Quelle von Konflikten. Was die moralische Symmetrie bedroht, schafft Unsicherheit, ist gefährlich, sollte verschwinden. Es gibt moderne Väter, welche die stillende Mutter anklagen, dass sie sich mithilfe ihrer Milchdrüsen einen unfairen Vorteil beim Baby verschafft. Schwangerschaft und Geburt werden zu Krisenquellen, da sie eine bisher aufrechterhaltene Illusion von Symmetrie gefährden.

Die handwerkliche Position, dass jeder Teil einer Partnerschaft ungestört und nach besten Kräften reguliert, was er an Beziehungen zu Mutter und Vater, zu Geschwistern, Freunden, früheren Partnern und Kindern mitgebracht hat, kann sich unter dem Druck dieses moralischen Übereifers nicht entfalten. »Ich habe mich von meinem Exmann *wirklich* getrennt, ich habe mich von meinen Eltern wirklich gelöst, ich erziehe meine Kinder zur Autonomie – und es ist mein Recht, ja meine Pflicht, nun dir klarzumachen, wo du darin versagst, sonst sieht es nicht gut aus mit unserer Gemeinsamkeit.«

In mehr oder weniger subtilen Abwandlungen sind Größen- und Spiegelfantasie zu einem zentralen Motiv unserer sozialen Interaktionen geworden. Räume schwinden, in denen etwas geschieht, das nicht evaluiert wird. Ein Lehrer verteilt heute nicht mehr Zensuren, er bekommt auch welche. Kein Seminar, in dem der Dozent nicht nachher die Besucherinnen und Besucher auffordern soll, die ausgelegten Beurteilungsbögen auszufüllen. Diese sind so angelegt, dass subjektive Eindrücke am Ende als Zahlen auf einer Skala ausgewertet werden können. War der Vortragende gut vorbereitet? Seine Rede lebendig? Sein Medieneinsatz gekonnt? Im Hotel liegt auf der Minibar der Evaluationsbogen, in Flughäfen auf den Toiletten. Sind Sie zufrieden? Ist alles sauber genug?

Mit einer Größen- und Spiegelfantasie hat das insofern zu tun, als die Möglichkeit, jemanden zu bewerten, alle Beteiligten mit dem Selbstgefühl ausrüstet, ihr Urteil sei wichtig und gültig. Demokratie wird mit Regression verwechselt. Wenn ich ebenso gut wie mein Lehrer beurteilen kann, ob ich durch seinen Vortrag Wesentliches erfahren habe – weshalb soll ich dann überhaupt zuhören? Schnell bewerten lässt sich nicht, was mich in meinen Kenntnissen gefördert hat, wohl aber, ob ich mich amüsiert, in meinem Narzissmus bestätigt und nicht etwa gar infrage gestellt fühlen konnte.

Wo Evaluationen in wirtschaftlichen Nutzen umsetzbar sind, etwa in den Bewertungen von Dienstleistungen oder Waren, wird schöngefärbt, was das Zeug hält. Der Aufwand treibt in Kostenspiralen und trägt zum Vertrauensschwund bei. Sobald es nicht mehr reicht, vier Sterne von einer Behörde zugesprochen zu bekommen und sie auf das Hotelschild zu gravieren, sondern 40 positive Bewertungen im Internet den Umsatz sichern, gedeihen Agenturen, die dem zahlenden Kunden dieses positive Bild verschaffen. Es kann werden wie mit den Handelsklassen beim Obst: Klasse 1 erfüllt alle Kriterien optimal, aber wo kriege ich einen guten Apfel?

Verzichten wir auf den Evaluationshokuspokus? Das wäre ein Rückschritt. Nein, wir müssen die Evaluation evaluieren, um endlich festen Boden zu gewinnen!

16 / Zusammenschau und Schluss

In der kleinen Geschichte über die Ermahnung eines Kindes in der U-Bahn stand schon, wie befremdlich es sei, dass die Exhibition des erregten Penis bestraft wird, während eine ähnlich verstörende Exhibition moralischer Dominanz nicht nur straffrei ausgeht, sondern den Lustgewinn selbstzufrieden nach Hause tragen darf.

Der Vergleich lässt sich vertiefen und führt zu unerwarteten Ergebnissen. Seit wir das magische Denken erforschen, begegnen wir dem Zusammenhang zwischen dem erigierten Penis und einem vermeintlichen Zauber gegen die in »böse Geister« oder »böse Blicke« *(jettatura, malocchio)* projizierten Ängste. Phallische Symbole und aus ihnen entwickelte Amulette gehören zu den ältesten Formen der beschützenden Magie, der Abwehr des Bösen, der Niederlage, der Unfruchtbarkeit.

Tatsächlich vertreibt sexuelle Erregung die Angst. Die gesteigerte sexuelle Aktivität in Kriegs- und Pestzeiten spiegelt diese Dynamik, die heute in der Internetpornografie ihre den Ängsten der globalisierten Welt angemessene Variante findet. In der Tat lässt sich kaum eine ödere Vereinfachung einer komplexen Wirklichkeit konstruieren als mit den Ritualen der Pornografie.

In dem als Helikoptermoral beschriebenen Geschehen erleben wir etwas wie eine neue Fassung dieser Dynamik, die sich mit den technischen Möglichkeiten der digitalen Medien verbindet. Sie transponiert die gesellschaftlichen Prozesse der Eventkultur in den moralisch-ethischen Bereich. Um eine unbewusste Angst vor dem Scheitern an der Unübersichtlichkeit zu bewältigen, regrediert die Psyche zu einer phallischen Moral, in der es darum geht, andere möglichst eindrucksvoll an moralischer Empörung und damit verknüpften Rache- und Strafbedürfnissen zu übertreffen.

Um zu diesem Ziel zu kommen, wird die moralische Betrachtung dekontextualisiert. Sie verliert den Zusammenhang mit der Umgebung, etwa in Gestalt des Verzichts auf die Unschuldsvermutung der Justiz in einem Rechtsstaat. Die Einsicht in zerstörerische Folgen einer moralischen Bemächtigung wird verdrängt, es gibt keine Einfühlung in die Verurteilten und keinen Respekt vor den Opfern. Den Kontextverlust begleitet eine Überregung, die sich allein auf die Empörung konzentriert, das Geschehen einseitig darstellt und inhaltlich oft nicht weniger verspricht, als durch Urteil und Strafe eine Kränkung ungeschehen zu machen.

Die Rolle der Medien ist zwiespältig: Sie gewinnen Aufmerksamkeit sowohl durch Dekontextualisierung und energische Parteinahme wie auf der anderen Seite auch durch Kritik an diesen Prozessen sowie durch Appelle an Besonnenheit und Verteidigung rechtsstaatlicher Vorgehensweisen.

Helikoptermoral und Zwang

Freud hat in *Totem und Tabu* die auffälligen Übereinstimmungen zwischen den Symptomen einer Zwangsneurose und den Regeln von Religionsgemeinschaften beschrieben. Wie sich der Zwangskranke wiederholt die Hände wäscht oder den Gashahn prüft, sind auch religiöse Vorschriften an Wiederholungen gebunden, deren Zweck dem kritischen Denken nicht einleuchtet. Warum sollen 50 Wiederholungen ein Gebet wertvoller machen, warum muss vier Wochen lang von Sonnenaufgang bis Sonnenuntergang gefastet werden?

Der Zwang entspricht dem Glauben, dass es »göttliche« Werte und Regeln gibt, die uns von Ängsten befreien, ohne uns neue Ängste zu bringen. Er setzt auf Wiederholung und Überwachung.

Im Zwangsmechanismus stehen Ordnung und Chaos einander feindlich gegenüber. Kontrolle weckt Gegenkräfte, die umgekehrt die Notwendigkeit der Kontrolle bestätigen. Die unbewusste Lust, sich zu beschmutzen oder das Haus durch eine Gasexplosion in die Luft zu jagen, wird durch die Zwangshandlungen bekämpft und bestraft.

Perfektionismus

Während Zwänge einen schlechten Ruf haben, gilt Perfektionismus vielfach als Zeichen unermüdlicher Leistungsbereitschaft, wie sie dem faustischen Teil der deutschen Seele wohl anstehe. Man könnte Zwang als Neurose der Kontrolle, Perfektionismus als Neurose der Verbesserung sehen. Der Perfektionismus hat immer auch eine zwanghafte Komponente, weil ja ein Ergebnis kontrolliert werden muss, ehe ich es verbessern kann. Zwänge hingegen sind oft nicht perfektionistisch, sondern konservativ; wer das Türschloss, den Wasserhahn, die Sauberkeit kontrolliert, will nur eine imaginäre Katastrophe vermeiden.

Jede professionelle Arbeit hat eine perfektionistische Komponente insofern, als es in ihr darum geht, mit möglichst wenig Aufwand ein möglichst gutes Ergebnis zu erzielen. Wer sich in diesen Leistungen verbessert, hat mehr Freude an der Arbeit und mehr Erfolgserlebnisse. Aber Perfektionismus kann zum Verhängnis werden, wenn er nicht den realen Möglichkeiten einer Verbesserung unterworfen wird, sondern sozusagen Amok läuft, Gutes nicht anerkennt, sondern ruhelos verbessern will.

Hier rührt der perfektionistische Mechanismus an den Zwang. Wenn ich mir die Hände wasche, sind sie sauberer als vorher. Wenn ich das Waschen wiederhole und vielleicht noch stärker reibe oder eine andere Seife benutze, gewinne ich mehr an Reinheit, freilich längst nicht so viel wie beim ersten Waschen. Vielleicht werden die Hände auch nach dem dritten Waschen noch ein wenig sauberer; sicherlich aber nicht mehr nach dem zehnten – im Gegenteil, die überstrapazierte Haut beginnt zu bluten und wird zum Nährboden für Keime.

In der bildenden Kunst gibt es ein anschauliches Modell für die Gefahren des Perfektionismus: Wenn der Bildhauer eine Figur aus dem Marmor »befreit«, muss er genau wissen, wann weiteres Meißeln und Polieren das Werk beschädigt, weil zu viel Material verloren geht.

Der Perfektionist ist ein gnadenloser Richter. Er fürchtet, bei der geringsten Schwäche ebenso entwertet zu werden wie seine Mitmenschen durch ihn. Besonders problematisch ist der Perfektionismus gegenüber Partnern und Kindern. Perfektionistische Mütter quälen ihr Kind mit Fragen nach seinen Problemen; perfektionistische Partner stören den Frieden des Gegenübers mit Mahnung und Verbesserungsvorschlag.

Wo ein Partner von dem Idealbild abweicht, schwinden Humor und Toleranz. Alle Werte müssen gemeinsam sein, sonst taugt die Beziehung nicht. Es darf nicht unterschiedliche Urteile geben, welche Freunde liebenswert, welche Schwiegermütter erträglich, welche politischen Parteien wählbar sind. Eine für andere Paare harmlose Differenz kann zum Trennungsgrund werden.

Dekontextualisierte Moral ist perfektionistisch. Losgelöst von dem, was ein Gegenüber lebt oder denkt, wird eine Äußerung aus dem Zusammenhang gerissen. Wer nicht ganz rein ist, ist ganz unrein. Oder aber, in terroristischer Umkehrung: Alle, die nicht eine fanatische Hingabe an radikale Werte teilen, sind todeswürdig. Sie können jederzeit geopfert werden, um ein Zeichen zu setzen, wo der Weg und die Wahrheit zu finden sind.

Angst vor der Innenwelt

Zwang und Perfektionismus sind angstgespeist. Wo Angst dominiert, wird Vielfalt unterdrückt. Die kindlichen Qualitäten, die in unserem Erleben neben dem erwachsenen Anpassungs- und Leistungsprinzip fortbestehen, werden dann nicht mehr kontextualisiert, sondern aus dem Zusammenhang entfernt und bewertet, als ginge es um reale Politik. Ein Beispiel:

Auf einer Weltkonferenz von Wissenschaftsjournalisten in Korea wurde der 72-jährige britische Nobelpreisträger Sir Timothy Hunt aufgefordert, eine kurze Damenrede zu halten. Hunt wunderte sich demonstrativ, dass ein chauvinistisches Monster wie er vor Wissenschaftlerinnen sprechen solle. Dann machte er einen sexistischen Scherz: »Drei Dinge passieren, wenn sie im Labor sind: Du verliebst dich in sie, sie verlieben sich in dich, und wenn du sie kritisierst, fangen sie an zu heulen.« Hunt fragte sich dann, ob Männer und Frauen nicht in getrennten Labors arbeiten sollten – meinte aber am Schluss (nach einem bezeichnenderweise erst viel später aufgetauchten Protokoll): »Spaß beiseite … Wissenschaft braucht Frauen, und Sie sollten Wissenschaft betreiben trotz aller Hindernisse und trotz solcher Monster wie mir!«

Eine britische Universitätslehrerin nahm den Scherz ernst und verbreitete ihn über Twitter. Hunt musste in der Folge von seiner Honorarprofessur an der Fakultät für Biowissenschaften am University College London (UCL) zurücktreten und verlor auch seine Positionen beim Europäischen Forschungsrat und in der Royal Society. Er war bereit, sich zu entschuldigen und die Zusammenhänge zu klären. Das half ihm so wenig wie prominente Frauen, die seine kollegiale Haltung und seine Förderung von Wissenschaftlerinnen bestätigten, oder die acht Nobelpreisträger, die sich für ihn aussprachen. Bald geriet auch die Anklägerin ins Visier der Öffentlichkeit, ihre Integrität und ihre Glaubwürdigkeit wurden infrage gestellt und ihr wurde die Schuld an der »Lynchjustiz« gegeben.

Hektik wird in der Helikoptermoral zum Normalzustand; Distanz von perfektionistischem Getöse ist fast unmöglich. Das zähe Ringen von Ideal und Wirklichkeit, von Prinzip und Leben wird erst dann wieder wahrgenommen, wenn der Schaden schon angerichtet ist. Was unser Verstand in bedächtigem Abwägen einigermaßen lösen kann, soll sofort entschieden sein. Nachdenklichkeit ist keine Nachricht. »Ich überlege noch. Es kommt darauf an, in welchem Kontext wir das betrachten.« Wer solche Sätze spricht, bekommt den Druck vonseiten der Medienvertreter unmittelbar zu spüren. »Glauben Sie etwa, Sie könnten das aussitzen?«

Rache

Karl Menninger hat die Strafjustiz *the crime of punishment* genannt. Viele Strafsysteme fördern Rückfälle. Sie sind ein Verbrechen an der Menschlichkeit im Dienst kollektiver Rachsucht. Es scheint unmöglich, dieses Monster zu zähmen. Wie die Helikoptermoral zeigt, zerreißt es gegenwärtig immer wieder die Fesseln der Unschuldsvermutung und der Ermittlung in alle Richtungen, mit denen es die modernen Strafprozessordnungen bändigen wollen. In der am weitesten entwickelten Konsumgesellschaft, den USA, sitzen mehr Menschen im Gefängnis als überall sonst. Auch im alten Europa sind die schnellen Strafen und die verschärften Gesetze ein gängiges Rezept.

Radikalität und Herzlosigkeit der Rache wurzeln darin, dass ein Mensch in seinen seelischen Grundfesten erschüttert wurde. Er hat etwas verloren, das für sein Gleichgewicht unentbehrlich scheint. Er kann sich nicht vorstellen, mit dieser Kränkung weiterzuleben. Er muss sie auslöschen, sie aufheben, die Zeit rückgängig machen.

»An den Ufern der Havel lebte um die Mitte des sechzehnten Jahrhunderts ein Rosshändler namens Michael Kohlhaas, Sohn eines Schulmeisters, einer der rechtschaffensten zugleich und

entsetzlichsten Menschen seiner Zeit. – Dieser außerordent-
liche Mann würde, bis in sein dreißigstes Jahr, für das Mus-
ter eines guten Staatsbürgers haben gelten können. Er besaß
in einem Dorfe, das noch von ihm den Namen führt, einen
Meierhof, auf welchem er sich durch sein Gewerbe ruhig er-
nährte; die Kinder, die ihm sein Weib schenkte, erzog er, in der
Furcht Gottes, zur Arbeitsamkeit und Treue; nicht einer war
unter seinen Nachbarn, der sich nicht seiner Wohltätigkeit,
oder seiner Gerechtigkeit erfreut hätte; kurz, die Welt würde
sein Andenken haben segnen müssen, wenn er in einer Tu-
gend nicht ausgeschweift hätte. Das Rechtgefühl aber machte
ihn zum Räuber und Mörder.«

So beginnt Heinrich von Kleist seine Novelle *Michael Kohlhaas*,
in der er die Ambivalenz des Rechtsgefühls beschreibt. Wenn
wir den schöpferischen Impuls der Evolution in Sprache setzen,
lautet er etwa so: Wir müssen unser Selbstgefühl mit allen Mitteln schützen und Zeichen setzen, die andere davon abhalten,
uns zu verletzen. Die Aggression wird zum Zeichen. Sie unterstreicht die Bedeutung der eigenen Erwartungen. Sie wird eingesetzt, für eine Weltordnung zu kämpfen, in der mir nichts
angetan werden darf, was meinem Rechtsgefühl widerspricht.

Eine der ersten Szenen, in denen der Racheimpuls deutlich
wird, ist die Wut kleiner Kinder, die ihre Mutter »bestrafen«,
weil sie sich verspätet hat. Wenn das Baby schreit, kommt die
Mutter und stillt es. Wenn sie nicht kommt, steigert sich das
Schreien. Bietet die Mutter die Brust zu spät an, kann es geschehen, dass das Baby sie verweigert und nicht trinken will. Der
Sinn dieser Aktion ist, ein Zeichen zu setzen, der Mutter zu verdeutlichen, dass sie sich keinesfalls verspäten darf. Wenn die

Mutter das versteht, wird die Entwicklung gut weitergehen; wenn sie aber mit Gegenkränkungen reagiert, künftig aus eigenem Strafimpuls zu spät kommt oder die Brust verweigert, entstehen Teufelskreise.

Die Rache im Kontext der Helikoptermoral hängt mit einer chronischen Versagung und Überlastung der Betroffenen zusammen, die sich als von ihrer Umwelt nicht genügend anerkannt und ernst genommen erleben. Sie bemühen sich wie Kohlhaas um Arbeitsamkeit und Treue. Das wird ihnen nicht gedankt, sie werden dafür nicht gewürdigt.

Wenn ein Dreijähriger, dessen Mutter partout nicht tut, was er will, einen Vulkanausbruch beschwören könnte, würde er die Familie in die Luft sprengen. Wenn sie ihn ablenkt, ist er zehn Minuten später wieder der süßeste Engel. Unter den Lebensbedingungen, welche die genetischen Grundlagen unserer Affekte geschaffen haben, erfüllt die kindliche Rachewut ihre Aufgaben. Die Eltern erkennen, wie wichtig es für die Kinder ist, in ihrer Bedürftigkeit wahrgenommen und respektiert zu werden. Die Kinder lernen, die überlegene Kraft und das überlegene Wissen der Eltern zu achten.

Wer von narzisstischer Wut besessen ist, kann nicht mehr differenzieren. Alles kann Symbol sein für das Gehasste. Das Zeichen, dass nie hätte geschehen dürfen, was doch geschah, kann gar nicht groß und zerstörerisch genug sein.

Die Helikoptermoral ist quasi die Tagseite der dunkelsten Gefahr der Gegenwart: der Rückfall in Rache und Terror. Terror ist Gewalttheater, geprägt von Rachsucht und narzisstischer Gier nach Aufmerksamkeit; die nach den Anschlägen vor allem in den USA zu beobachtenden Reaktionen sprechen für die Ansteckung durch diesen Mechanismus bei denen, die ihn zu bekämpfen vorgeben und nicht wahrhaben wollen, wie sie ihn auf diese Weise fördern.

Der Denkfehler, man könnte unangenehme Wahrheiten durch Dekontextualisierung aus der Welt schaffen, war niemals harmlos. Aber die Folgen blieben zu den Zeiten der Kreuzzüge und der heiligen Inquisition begrenzt. Angesichts der Umweltbeschädigung und der Klimakatastrophe gilt das nicht mehr. Die Verwandlung langsam lösbarer Probleme in Feuerwerkskörper lenkt nicht nur ab, sie verschwendet auch Ressourcen und blockiert die Arbeit an der Realität. Wir brauchen weniger Lärm und mehr Haltung, weniger Moralgeschrei über einzelne Sünden und mehr Ausdauer im Kampf gegen die Indolenz angesichts der wirklich wichtigen Fragen – wie der nach den Möglichkeiten, das gegenwärtige Wachstum der Verschwendung einzuschränken und Wirtschaftsformen zu entwickeln, die nicht in die Katastrophe steuern.

Terror ist der finstere Bruder der Helikoptermoral. Seine modernste Geste ist in ihrem Sensationseffekt noch nicht übertroffen: sich für ein dekontextualisiertes »Recht« mit möglichst vielen Opfern selbst zu töten. Die Gefahr wächst, dass solche semantisch überladenen Aktionen noch mehr Aufmerksamkeit von wesentlichen Aufgaben abziehen.

Enge

Die Einengung des Denkens und Fühlens spielt in der Diagnostik der klinischen Psychologie eine wichtige Rolle. Sie gilt als wichtiges Kriterium, wenn es darum geht, Gefahren einzuschätzen – wie etwa die, ob eine Person, die an Selbstmord *denkt*, diesen auch tatsächlich begehen wird oder ob ein wütender Mensch, der mit Mord droht, zur Tat schreiten könnte.

Solange das Denken beweglich bleibt und von der Kränkung, die das Selbstgefühl bedroht, zu anderen Inhalten schweifen kann, ist die Gefahr gering, dass ein mörderischer Plan umgesetzt wird. »Fast jedes Mal, wenn ich an den Geleisen stehe, denke ich daran: Wenn du jetzt springst, hast du endlich deine Ruhe. Aber dann denke ich an meine Kinder oder wie ich dann aussehe, und tue es doch nicht.«

Solange sich diese depressive Mutter von ihren Suizidgedanken distanzieren kann, geht die Sache gut aus, ihr Therapeut kann ihr und ihrer Familie die Beschämung einer Einweisung in eine geschlossene Abteilung ersparen. Wenn sie sich aber eines Abends betrinkt, die Gegenkräfte schwinden, das Erleben sich einengt und sie sich etwas antut, werden die Anhänger der Helikoptermoral überzeugt sein, dass der Therapeut daran schuld ist, weil er »falsch« auf die Selbstgefährdung reagiert hat.

Der geistige Zustand ist dem »stirb und werde« des Dichters genau entgegengesetzt: Loszulassen ist unmöglich, die Psyche organisiert sich um die Aufgabe herum, eine Gefahr für das Selbstgefühl um jeden Preis und mit allen Mitteln zu bekämpfen. Die Helikoptermoral engt das Erleben ein – und bekämpft mit diesem Mittel eben das, was durch Enge riskiert wird.

Um Suizidalität so einzuschätzen, dass möglichst wenig Schaden entsteht, muss die Möglichkeit des Irrtums akzeptiert werden. Wer angesichts jeder Drohung maximal reagiert, muss viel Lebensqualität durch überflüssige Maßnahmen vernichten. Den Blick zu weiten ist dann eine ebenso schwierige wie lohnende Aufgabe. Ähnliches gilt für die Konferenzen, in denen die Informationen über terroristische »Gefährder« ausgewertet werden. Leider ist der Öffentlichkeit und denen, die in ihr sprechen, kaum klarzumachen, wie verächtlich es ist, sich aus einer nachträglich erworbenen Sicherheit des Wissens über jene zu erheben, die den inzwischen zum Täter Gewordenen für harmlos gehalten haben.

Es gibt keine perfekte Lösung. Das Grundgefühl ist nicht das des Rechtes und der richtigen Entscheidung, sondern das der pragmatischen Suche und der Einigung in einer Gruppendiskussion erfahrener Beobachter. Die Formel »stirb und werde« erschließt eine existenzielle Dimension, die in den Äußerungen der Helikoptermoral verschwunden ist. Es mag in der Tat notwendig sein, an den Tod zu denken, um sich dem Leben wieder zu öffnen und nicht mehr ausschließlich um das Fortbestehen einer narzisstischen Fixierung zu kämpfen. Diese Weite des Blicks ist dem Fanatiker nicht möglich, dem Rechthaber, dem Rachsüchtigen und dem Angstbelasteten. Das zeigt die Verwandtschaft dieser Zustände, aber auch die Schwierigkeiten im Umgang mit ihnen.

Dem Angstkranken kann durch Einfühlung und Zuwendung geholfen werden. Wer aber wie der Fanatiker Ängste manisch abwehrt, ist unzugänglich. Er plant, eine neue Welt zu schaffen, in der er keine Angst mehr haben muss, weil dann die Menschheit entweder bekehrt oder tot ist. Erst wenn es gelingt, ihn zu stoppen, und sich die Aussichtslosigkeit seiner Größenfantasie erweist, wird er sich der Einsicht wieder öffnen können.

Den Kontext zurückgewinnen

Wie alle schleichenden Veränderungen ist auch die wachsende Belastung des menschlichen Selbstwerterlebens durch die Helikoptermoral ebenso unauffällig wie destruktiv. Der Vergleich mit dem Frosch liegt nahe, der bei einer jähen Steigerung der Temperatur in seinem Aquarium sofort herausspringt, sich aber buchstäblich kochen lässt, wenn das Wasser schön langsam erhitzt wird.

Vor 150 Jahren sahen und beurteilten Menschen fast nur andere lebende Menschen oder handwerklich hergestellte Bilder – von Heiligen an der Kirchenwand, von achtbaren Ahnen, in Öl gemalt, in illustrierten Büchern in Kupfer gestochen. Schrittweise vermehrten sich die Bilder, wurden genauer, wurden zahlreicher, verdoppelten die Wirklichkeit, übertrafen die Wirklichkeit, schönten, logen, rivalisierten.

Vor 50 Jahren waren in einer Gymnasialklasse vielleicht zehn Prozent der Schülerinnen und Schüler mit ihrem Aussehen unzufrieden. Gegenwärtig ist es mindestens jede oder jeder Zweite. Narzisstische Ängste verstärken sich. Ihr zentraler Inhalt ist es, falsch auszusehen, die falschen Entscheidungen zu treffen, den falschen Lebens- und Liebespartner zu wählen, den falschen Beruf.

In den letzten 20 Jahren sind wiederum schrittweise die Möglichkeiten gewachsen, Intimstes zu veröffentlichen, Bewertungen zu provozieren, Menschen auf diesem Weg in einer Weise sozial zu belasten, die ganz neuartig ist und unsere Abwehrmechanismen überfordert. In diesem Prozess hat Monica Lewinsky eine Doppelrolle gewonnen: als Opfer, aber auch als Kritikerin der Bedenkenlosigkeit und des Empathiemangels in diesen neuen Formen dekontextualisierter Bewertungen.

Bis Anfang 1998 hatte Monica Lewinsky das unauffällige Leben einer Tochter aus gutem Haus geführt – der Vater Arzt, die Mutter Buchautorin, beste Beziehungen der Familie aus Beverly Hills zur Elite der demokratischen Partei. So ergatterte die 22-Jährige eine der begehrten Stellen im Weißen Haus. Die Liebschaft mit dem mächtigsten Mann Amerikas wäre nie bekannt geworden, wenn nicht eine Freundin Telefongespräche mitgeschnitten und der Blogger Matt Drudge Wind von der Sache bekommen hätte.

Der Rest ist grausame Geschichte: Verhöre über Verhöre, Veröffentlichung intimer Protokolle im Internet, ermöglicht durch einen Kongressbeschluss, Cybermobbing, noch ehe dieser Begriff existierte. »1998 verlor ich meinen Ruf und meine Würde. Ich verlor fast alles, und ich verlor beinahe mein Leben.«

Mit 41 Jahren, nach einem Studienabschluss in Psychologie, hat Monica Lewinsky auf der TED-Konferenz ihre Geschichte zum Anlass genommen, sich mit dem Sadismus zu beschäftigen, dessen Opfer sie durch die Indiskretion ihrer Freundin wurde.

»Grausamkeit gegen Mitmenschen ist nichts Neues«, sagt sie in ihrer Rede, »aber online wird Beschämung mit technischen Mitteln unkontrollierbar vermehrt und permanent zugänglich. Früher erreichte das Echo der Scham nur deine Familie, dein Dorf, deine Schule oder Gemeinde. Heute erreicht es auch die Gemeinschaft des Internets. Millionen Menschen können dich anonym mit ihren Worten verletzen. Das schmerzt sehr, und es gibt keine Grenzen, wie viele Menschen dich öffentlich beobachten und an den Pranger stellen können.«[44]

Die Dekontextualisierung geht weit über moralische Aspekte hinaus. Wie von einer Million Müllhalden kann jeder Mosaiksteine der Informationen über eine öffentlich gewordene Person wie Monica Lewinsky aufklauben und für seine Zwecke verwenden. Als Toyota das kantige Modell des Landcruisers durch eine Variante mit üppig gewölbten Kotflügeln ersetzte, hieß das neue Modell des bei den Beduinen im Jemen beliebten Fahrzeugs dort »Monika«.

Kaum jemand interessierte sich für den seelischen Zustand der 20-Jährigen, die sich im Haus ihrer Eltern versteckte und jeden Tag an Selbstmord dachte. Ihre Mutter saß am Abend neben ihr am Bett und verlangte von ihr, die Badezimmertür offen zu lassen, wenn sie duschte.

Tyler Clementi war 18 Jahre alt und studierte an der Rutgers University in New Jersey, als ihn im September 2012 Kommilitonen heimlich filmten und die Bilder ins Internet stellten. Sie hatten aufgenommen, wie er einen anderen Studenten küsste, und kündigten an, Videos ins Netz zu stellen. Tyler sprang von der George Washington Bridge und ertrank.[45]

Indem ich jemanden beschäme, demonstriere ich eine Überlegenheit, die dem Triumph der Kinder gleicht, die über einen Behinderten spotten. Je mehr dieses Streben nach Überlegenheit die Qualität der moralischen Empörung annimmt, desto besser lassen sich seine Wurzeln im Sadismus verleugnen. Die Selbstaufwertung durch Erniedrigung eines anderen dient scheinbar höheren Werten. Tyler Clementi wurde beschämt, weil er einen Mann küsste, Monica Lewinsky, weil sie mit ihrem Chef Sex hatte.

Eine auf Hilfe für Jugendliche spezialisierte britische Non-Profit-Organisation hat von einem Anstieg der Fälle von Cyber-Bullying zwischen 2012 und 2013 um 87 Prozent berichtet. In den Niederlanden ergab eine Metaanalyse, dass Erniedrigung im Internet inzwischen eine der häufigsten Ursachen für Selbstmordgedanken unter Jugendlichen ist. Die digitalen Quellen der Scham sind mächtiger geworden als alle anderen. Niemand, ob Schüler oder Star, ist sicher davor, dass intimste Bilder und Botschaften gehackt, verbreitet, millionenfach angeklickt, weitergeleitet und kommentiert werden.

Wie das Kaninchen sich dem Blick der Schlange nicht entziehen kann, ist es den Nutzern der sozialen Medien meist nicht möglich, den Bildschirm zu ignorieren. Selbst wenn es ihnen gelingt, fürchten sie doch, dass die Personen in ihrem sozialen Umfeld mehr als von allem anderen von dem beeinflusst sind, was sie dort sehen.

Öffentliche Erniedrigung ist zu einem Markt geworden. Je mehr Beschämung von Opfern, von Minderheiten, desto mehr Klicks. Je mehr Klicks, desto mehr Geld für Anzeigen. Je öfter wir diese Formen von böser Nachrede anklicken, desto weniger fühlen wir noch, dass unsere Klicks in menschliches Leben eingreifen und dazu beitragen, dass die Gemeinheit triumphiert – *The Triumph of Meanness* lautet der Titel eines Buches, mit dem Nicolaus Mills auf die Gefahren hingewiesen hat, die sich in einer wachsenden Beliebtheit entwertender, beschämender, sadistischer Szenen in den Medien und in der Öffentlichkeit konkretisieren.

Gegen diese Entwicklung fordert Lewinsky eine Kulturrevolution. Beschämung als *blood sport* soll einer Rückbesinnung auf Empathie weichen, ehe wir in einer Gesellschaft enden, in der es kein Mitgefühl mehr gibt. Für sie persönlich sei Tylers tragischer Tod Anlass gewesen, den Kontext ihrer eigenen Erfahrungen zurückzuerobern.[46]

Indem die Helikoptermoral den Triumph der Überlegenheit über ihre Opfer sucht, muss sie die Einfühlung in deren Seelenzustand kappen. Umgekehrt nimmt ihr das Mitgefühl den Auftrieb. Sobald eine Person in ihrer Verletzlichkeit, ihren Wünschen nach einem unangetasteten Leben deutlich wird, gelingt es nicht mehr, sie auf den Makel zu reduzieren, der die moralische Erregung ausgelöst hat.

Die Helikoptermoral lässt sich als Minifanatismus in Tugendmaske verstehen. Sobald es möglich wird, sich kritisch von ihr zu distanzieren, weitet sich der Blick, und die vertriebene Empathie rüstet sich zur Heimkehr.

Anmerkungen

1 Der Satz »Having lost sight of our goals, we redouble our efforts« wird Mark Twain zugeschrieben. Ähnlich George Santayana: »Fanaticism consists in redoubling your effort when you have forgotten your aim.«

2 Mareen Linnartz: »Familie: Im Aufsichtsrat«, in: *Süddeutsche Zeitung* vom 03.01.2015.

3 Haim G. Ginott: *Between Parent and Child*. New York 1969, S. 18: »Mother hovers over me like a helicopter.«

4 Wendy Mogel: *The Blessings of a Skinned Knee: Using Jewish Teachings to Raise Self-Reliant Children*. New York 2001.

5 »Das war meine Rettung: ›Humorvoll zu bleiben ist bis heute mein Überlebensmittel‹«, Interview mit Thomas Ostermeyer, in: *Zeit-Magazin* 4/2015, S.46.

6 Sonja Zekri: »Der Graben«, in: *Süddeutsche Zeitung* vom 14.01.2015.

7 Wolfgang Schmidbauer: *Der Mensch als Bombe. Eine Psychologie des neuen Terrorismus*. Reinbek 2003.

8 Hakan Tanriverdi: »Vater Courage«, in: *Süddeutsche Zeitung* vom 29.01.2015.

9 Jan-Werner Müller: *Das demokratische Zeitalter. Eine politische Ideengeschichte Europas im 20. Jahrhundert*. Berlin 2013. Sowie ders.: *Populismus*. Berlin 2015.

10 Im November 1969 rief Präsident Richard Nixon in einer Fernsehansprache die »schweigende Mehrheit« *(silent majority)* der Amerikaner dazu auf, sich gegenüber der »lauten Minderheit« radikaler Linken zu Wort zu melden, die unter anderem den sofortigen Abzug der amerikanischen Truppen aus Vietnam forderte.

11 Jan-Werner Müller: »Wir ohne die anderen«, in: *Süddeutsche Zeitung* vom 28.01.2015.

12 Jan-Willem van Prooijen et al: »Extreme political beliefs predict dogmatic intolerance«, in: *Social Psychological and Personality Science* (online aufgerufen am 02.02.2015)

13 Vgl. Gudrun Brockhaus: *Schauder und Idylle. Faschismus als Erlebnisangebot*. München 1997.

14 Tilman Jens: »Vaters Vergessen«, in: *Frankfurter Allgemeine Zeitung* vom 04.03.2008: http://www.faz.net/aktuell/feuilleton/walter-jens-vaters-vergessen-1513397.html (zuletzt aufgerufen im Januar 2015).

15 »Die Geschichte vom geborgten Kessel, der bei der Zurückstellung ein Loch hatte, wobei sich der Entlehner verantwortete, erstens habe er überhaupt keinen Kessel geborgt, zweitens sei dieser schon bei der Entlehnung durchlöchert gewesen, und drittens habe er ihn unversehrt, ohne Loch, zurückgestellt, ist ein vortreffliches Beispiel einer rein komischen Wirkung durch Gewährenlassen unbewußter Denkweise. Gerade dieses Einanderaufheben von mehreren Gedanken, von denen jeder für sich gut motiviert ist, fällt im Unbewußten weg.« Zitiert nach: http://gutenberg.spiegel.de/buch/der-witz-und-seine-beziehung-zum-unbewußten-933/6

16 Sigmund Freud: »Der Familienroman des Neurotikers«, in: *Sigmund Freud, Studienausgabe Bd. IV, Psychologische Schriften*. Frankfurt am Main 1970, S. 221–226.

17 Der Originalartikel (05.08.2006) ist beim *Aftenposten*, eine englische Übersetzung bei der Internetzeitung *Booman Tribune* abrufbar. Gaarders Erklärung zu seinem Text hat

Aftenposten ins Englische übersetzt. Vgl. auch den deutschen Kommentar unter dem Titel »Anti-Israel Essay sorgt für Aufruhr« auf *Spiegel online*, 09.08.2006.

18 www.sueddeutsche.de, Kultur (aufgerufen am 17.05.2010).

19 Vgl. auch Harald Pühl, Wolfgang Schmidbauer: *Eventkultur.* Berlin 2007.

20 Robert von Ranke-Graves, Raphael Patai: *Hebräische Mythologie. Über die Schöpfungsgeschichte und andere Mythen aus dem Alten Testament.* Reinbek 1986.

21 Neben dem *Marionettentheater* sind hier noch zwei weitere Texte aus den *Berliner Abendblättern* von prophetischer Kraft. Der eine ist ganz kurz, stilisiert als die Rede an einen Sohn, der sich zum Soldaten bestimmt hat: »Von der Überlegung (Eine Paradoxe).« »Die Überlegung, wisse, findet ihren Zeitpunkt weit schicklicher nach als vor der Tat. Wenn sie vorher oder in dem Augenblick der Entscheidung selbst ins Spiel tritt: so scheint sie nur die zum Handeln nötige Kraft, die aus dem herrlichen Gefühl quillt, zu verwirren, zu hemmen und zu unterdrücken; dagegen sich nachher, wenn die Handlung abgetan ist, der Gebrauch von ihr machen lässt, zu welchem sie den Menschen eigentlich gegeben ist [...].« Vgl. Wolfgang Schmidbauer: *Kleist. Die Entdeckung der narzisstischen Wunde.* Göttingen 2011, S. 172.

22 Das »zum Schutze des deutschen Blutes und der deutschen Ehre« erlassene Gesetz verbot die Eheschließung sowie den außerehelichen Geschlechtsverkehr zwischen Juden und Nichtjuden. Verstöße gegen das Gesetz wurden als »Rassenschande« bezeichnet und mit Gefängnis und Zuchthaus bedroht. Die Strafandrohung für außerehelichen Geschlechtsverkehr zwischen Juden und Nichtjuden richtete sich nur gegen den Mann, nicht gegen die Frau. Diese Bestimmung wurde Hitler persönlich zugeschrieben. Die von Hitler gewünschte Ergänzungsverordnung vom 16. Februar 1940, nach der die Frau trotz des Vorwurfs der Begünstigung ausdrücklich straffrei bleiben sollte, weist in diese Richtung.

23 *Nemo me impune lacessit* ist das Motto im schottischen Wappen.

24 »Ora sapete come è l'aspettativa: immaginosa, credula, sicura; alla prova poi, difficile, schizzinosa: non trova mai tanto che le basti, perché, in sostanza, non sapeva quello che si volesse; e fa scontare senza pietà il dolce che aveva dato senza ragione.« Alessandro Manzoni: *I promessi sposi.* S. 272 (Wikisource, aufgerufen am 27.12.2016).

25 Dante Alighieri: *Die göttliche Komödie*, 28. Gesang.

26 Vgl. Thomas Schmidinger: »Die zweite Botschaft des Islam. Eine Menschenrechts- und Sozialismuskonzeption aus dem Sudan«. Contextarchiv 7–8/2000 (aufgerufen am 20.01.2015).

27 Abdel-Hakim Ourghi: »Preis des Verdrängens. Die historischen Wurzeln der Grausamkeit werden von vielen Muslimen verschwiegen«, in: *Süddeutsche Zeitung* vom 19.01.2015.

28 *Süddeutsche Zeitung* vom 01.03.2014.

29 Ronald Goldman: *Circumcision. The Hidden Trauma.* Boston 1997. David L. Gollaher: *Circumcision. A History of the World's Most Controversial Surgery.* New York 2001.

30 Mario Lichtenheldt, Meike Beier: *un-heil. Vorhaut, Phimose & Beschneidung.* Hamburg 2012. Ich habe mit Meike Beier im Zusammenhang mit meinem Buch *Die Rache der Liebenden* korrespondiert und verdanke ihr viele Informationen zu diesem Thema.

31 Meike Beier, persönliche Mitteilung.

32 »Aus so krummem Holze, als woraus der Mensch gemacht ist, kann nichts ganz Gerades gezimmert werden« (aus: »Idee zu einer allgemeinen Geschichte in weltbürgerlicher Absicht«).

33 Daniel Kessler, Mark McClellan: »Do Doctors Practice Defensive Medicine?«, in: *Quarterly Journal of Economics*, 05/1996, S. 353–390. Kongress der Vereinigten Staaten: Office of Technology Assessment: Defensive Medicine and Medical Malpractice, U.S. Government Printing Office, July 1994, OTA-H--602 Washington DC.

34 Ich verstehe Handwerk hier in dem Sinn, den ihm Richard Sennett (*Handwerk*. Berlin 2008) zugeschrieben hat.

35 Christopher Schwarz: *The Anarchist's Tool Chest*. Fort Mitchell 2011, S. 347.

36 Geprägt von John Ball (1335–1381), einem Priester, der in seinen Predigten für soziale Gleichheit eintrat und die Aufhebung der Standesgrenzen forderte.

37 »In einer Bergsteigergruppe hat niemand Macht«, sagte Reinhold Messner über den bewertungsfreien Raum seines Extremsports. »Wir leben da drinnen nach anarchischen Mustern.« Die Rollen organisieren sich entlang der gemeinsamen Aufgabe, zu überleben. Zitiert nach »Das Zurückkommen ist wie eine Wiedergeburt«, Interview in: *Psychologie heute*, 01/2017, S. 40.

38 Verwandt ist die Geschichte vom Skorpion, der von einer Kröte über einen Fluss getragen wird und mitten im Strom die Kröte fragt, warum sie so töricht sei, ein Geschöpf mit einem gefährlichen Giftstachel auf ihren Rücken zu nehmen. Die Kröte sagt, sie sei sich ihrer Sache sicher, denn wenn sie sterbe, müsse auch der Skorpion ertrinken. Um sich gegen diese Krötenlogik zu behaupten, sticht der Skorpion und beide gehen zugrunde.

39 Daniel Kahneman: *Schnelles Denken, langsames Denken*. Berlin 2012.

40 Martin Beheim-Schwarzbach: *Das Buch vom Schach*. Leipzig 1934, S. 6.

41 *Le Défroqué*, Regie Léo Joannon.

42 Jürgen Habermas: *Theorie des kommunikativen Handelns. Bd. 1: Handlungsrationalität und gesellschaftliche Rationalisierung, Bd. 2: Zur Kritik der funktionalistischen Vernunft*. Frankfurt am Main 1981, sowie ders.: *Moralbewußtsein und kommunikatives Handeln*. Frankfurt am Main 1983.

43 Horst-Eberhard Richter: *Der Gotteskomplex. Die Geburt und die Krise des Glaubens an die Allmacht des Menschen*. Göttingen 2012.

44 Wikipedia (aufgerufen am 10.08.2015, Übersetzung WS).

45 Es scheint fast unmöglich, für ein Opfer zu sprechen, ohne neue zu produzieren. Die Studenten, die Tyler gefilmt hatten, gerieten nach dem Selbstmord ihrerseits in einen Shitstorm; eine Mordanklage wurde gefordert. Der Haupttäter wurde zu einer Geldstrafe, einem Monat Gefängnis, 300 Stunden gemeinnütziger Arbeit und einer Beratung über Cybermobbing verurteilt. Tyler befand sich in einem extrem verletzlichen Zustand; er hatte erst vor Kurzem seinen Eltern gestanden, dass er schwul sei; seine Mutter war voller Vorwürfe über diese »Sünde«.

46 Wörtlich: *Tyler's tragic, senseless death was a turning point for me. It served to recontextualize my experiences, and I then began to look at the world of humiliation and bullying around me and see something different.*

Dieses Buch wurde klimaneutral produziert:

Bibliografische Information der Deutschen Nationalbibliothek
Die Deutsche Nationalbibliothek verzeichnet diese Publikation in
der Deutschen Nationalbibliografie; detaillierte bibliografische
Daten sind im Internet über http://dnb.d-nb.de abrufbar.

2. Auflage
Copyright © 2017 Sven Murmann Verlagsgesellschaft mbH, Hamburg

Lektorat: Evelin Schultheiß, Ahrensburg
Druck und Bindung: Steinmeier GmbH & Co. KG, Deiningen
Printed in Germany

ISBN 978-3-946514-56-5

Besuchen Sie uns im Internet: www.kursbuch.online.de
Ihre Meinung zu diesem Buch interessiert uns!
Zuschriften bitte an kursbuch@kursbuch.online